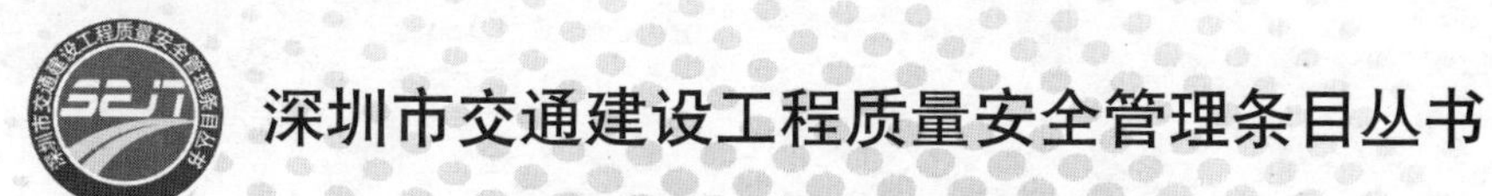

深圳市交通建设工程质量安全管理条目

城市道路工程分册

SHENZHENSHI JIAOTONG JIANSHE GONGCHENG ZHILIANG
ANQUAN GUANLI TIAOMU

CHENGSHI DAOLU GONGCHENG FENCE

本书编委会　编

人民交通出版社股份有限公司
China Communications Press Co.,Ltd.

内 容 提 要

本书分别从质量、安全两个方面对现行城市道路工程有关法律法规、规范标准和相关规章、文件进行了梳理,对于严重或常见的违规违章行为编制形成相应的条目。内容主要包括管理行为、道路工程、桥梁工程、隧道工程、给排水工程、边坡工程、基坑工程、涵洞工程、交安工程、机电工程、房屋建筑工程、场站工程、附属设施工程、文明施工、脚手架工程、模板工程、高处作业、施工用电、施工机具、起重吊装、特殊季节施工等。

本书可供城市道路工程建设单位、监理单位、施工单位、行业监管部门等从业单位的管理人员、技术人员在工作中参考。

图书在版编目(CIP)数据

深圳市交通建设工程质量安全管理条目. 城市道路工程分册 /《深圳市交通建设工程质量安全管理条目·城市道路工程分册》编委会编. — 北京 : 人民交通出版社股份有限公司, 2018.6

ISBN 978-7-114-14548-3

Ⅰ. ①深… Ⅱ. ①深… Ⅲ. ①城市道路—道路工程—工程项目管理—安全管理—条目—深圳 Ⅳ. ①U491

中国版本图书馆 CIP 数据核字(2018)第 027054 号

书　　名: **深圳市交通建设工程质量安全管理条目　城市道路工程分册**
著 作 者: 本书编委会
责任编辑: 谢海龙
责任校对: 孙国靖
责任印制: 张　凯
出版发行: 人民交通出版社股份有限公司
地　　址: (100011)北京市朝阳区安定门外外馆斜街 3 号
网　　址: http://www.ccpress.com.cn
销售电话: (010)59757973
总 经 销: 人民交通出版社股份有限公司发行部
经　　销: 各地新华书店
印　　刷: 北京鑫正大印刷有限公司
开　　本: 787 × 1092　1/16
印　　张: 8.75
字　　数: 194 千
版　　次: 2018 年 6 月　第 1 版
印　　次: 2018 年 6 月　第 1 次印刷
书　　号: ISBN 978-7-114-14548-3
定　　价: 36.00 元
(有印刷、装订质量问题的图书由本公司负责调换)

《深圳市交通建设工程质量安全管理条目》
编审委员会

主　任： 于宝明

副主任： 贾丽巍

主　编： 何政军

副主编： 张志锋　张　伟　程晓春　马凌宇　郭　锋

编　委： 张　嵩　梁云靖　章　颖　周　华　钱　习
孙成民　李洁文

《城市道路工程分册》
编 写 人 员

郑大轩　李　武　杨容坤　胡风庚　郑旭新
杨金金　张新鹏　张天舒　魏国平　胡　鹏
臧智华

《城市道路工程分册》相关规范性文件

一、法律法规

1.《中华人民共和国安全生产法》(中华人民共和国主席令第 13 号)

2.《中华人民共和国公路法》(中华人民共和国主席令第 19 号)

3.《中华人民共和国特种设备安全法》(中华人民共和国主席令第 4 号)

4.《建设工程质量管理条例》(中华人民共和国国务院令第 279 号)

5.《建设工程安全生产管理条例》(中华人民共和国国务院令第 393 号)

6.《深圳市建设工程质量管理条例》(深圳市人大常委会公告第 83 号)

7.《深圳经济特区特种设备安全条例》(深圳市人大常委会公告第 137 号)

二、规范标准

1.《城镇道路工程施工与质量验收规范》(CJJ 1—2008)

2.《城市桥梁工程施工与质量验收规范》(CJJ 2—2008)

3.《给水排水管道工程施工及验收规范》(GB 50268—2008)

4.《建设工程监理规范》(GB/T 50319—2013)

5.《混凝土结构工程施工质量验收规范》(GB 50204—2015)

6.《建筑边坡工程技术规范》(GB 50330—2013)

7.《建筑基坑支护技术规程》(JGJ 120—2012)

8.《建筑基坑工程监测技术规范》(GB 50497—2009)

9.《公路工程质量检验评定标准》(JTG F80/1—2017)

10.《公路工程质量检验评定标准》(JTG F80/2—2004)

11.《公路桥涵施工技术规范》(JTG/T F50—2011)

12.《公路隧道施工技术规范》(JTG F60—2009)

13.《公路交通安全设施施工技术规范》(JTG F71—2006)

14.《建筑施工组织设计规范》(GB/T 50502—2009)

15.《建筑施工安全检查标准》(JGJ 59—2011)

16.《公路工程施工安全技术规范》(JTG F90—2015)

17.《施工现场临时用电安全技术规范》(JGJ 46—2005)

18.《建筑施工模板安全技术规范》(JGJ 162—2008)

19.《施工现场机械设备检查技术规程》(JGJ 160—2016)

20.《起重机械安全规程　第 1 部分:总则》(GB 60621—2010)

21.《施工现场临时建筑物技术规范》(JGJ/T 188—2009)

22.《钢管满堂支架预压技术规程》(JGJ/T 194—2009)

三、相关规章、文件

1.《消防监督检查规定》(公安部令第 120 号)

2.《公路水运工程安全生产监督管理办法》(交通运输部令 2017 年第 25 号)

3.《建筑施工企业主要负责人、项目负责人和专职安全生产管理人员安全生产管理规定》(住房和城乡建设部令第 17 号)

4.《生产安全事故应急预案管理办法》(安监总局令第 88 号)

5.《特种设备作业人员监督管理办法》(国家质监总局令第 140 号)

6.《企业安全生产费用提取和使用管理办法》(财企〔2012〕16 号)

7.《建筑工程安全防护、文明施工措施费用及使用管理规定》(建办〔2005〕89 号)

8. 关于印发《危险性较大的分部分项工程安全管理办法》的通知(建质〔2009〕87 号)

9.《公路水运工程"平安工地"考核评价标准》(交质监发〔2012〕679 号)

10.《广东省交通运输厅关于公路水运工程工地试验室的管理办法(试行)》(粤交基〔2011〕1671 号)

11.《深圳市交通运输委员会关于进一步加强道路与水运工程质量和安全生产管理的若干意见》(深交〔2014〕220 号)

12.《深圳市交通运输委员会危险性较大的分部分项工程安全管理实施细则》(深交〔2011〕320 号)

13.《深圳市交通建设工程特种设备安全管理办法》(深交〔2015〕508 号)

14.《深圳市交通建设工程试验检测监督管理制度》(深交质监〔2011〕25 号)

前言

Foreword

目前,深圳市的交通基础建设取得了丰硕的成果,对社会经济发展发挥了极其重要的作用。但是,交通基础设施建设项目的施工技术和质量安全管理与国内、国际先进水平相比存在一定的差距,工程质量与施工安全管理水平的提升还有较大的空间。

在交通基础建设过程中,工程质量与施工安全管理的主要参与机构有施工单位、监理单位、建设单位与政府相关部门,管理的主要依据是有关法律、法规、规范、技术标准以及行业管理性文件。由于上述法规文件数量众多,相关条款更是浩若烟海,对于经验不足的工程技术管理人员而言,很难抓住重点,快速上手。另外,工程建设中具体的质量安全检查工作往往是针对某个从业单位、某个工程部位、某个施工工序开展的,有可能涉及多部法规、规范的相关条款,检索起来也相当不便。

为了解决上述问题,本书编委员会以规范、简明、高效、实用为指导方针,编制了《深圳市交通建设工程质量安全管理条目》(系列丛书)。该套丛书覆盖了行业主要法规、规范、技术标准等规范性文件(共62部),提炼了重要及常见问题的相关条款,精简成为用语规范、依据充分的质量安全检查条目(共5451条),同时按照管理对象、工程部位、施工工艺等进行了逻辑分类(共360个类目),成为一套高效、实用的质量安全管理速查手册。同时,本书配套开发了适用于安卓平台的APP应用程序,方便读者利用手机、平板电脑进行条目的快速检索查询。希望本书和配套应用程序能够成为工程技术管理人员的好助手,为深圳市交通工程建设质量安全管理水平的提升尽到绵薄之力。

在本套丛书的编辑过程中,深圳市鹏途交通科技有限公司承担了大量技术支持工作,并协助开发了配套APP应用程序,在此致以衷心感谢!

由于本书的编写涉及众多规范性文件，跨越多个专业领域，数千个条目的遴选和编写难免出现疏忽或错漏，请广大读者给予谅解和指正。

深圳市交通运输委员会党组书记、主任：于宝明

2017 年 10 月

目 录

Contents

1 质量监督

条目代码	条 目 内 容	依 据	执 行 时 间	所在章节
1.1	建设单位			
1.1.1	基建程序			
1.1.1-1	未与施工或监理等单位签订合同	《深圳市交通运输委员会关于进一步加强道路与水运工程质量和安全生产管理的若干意见》(深交〔2014〕220号)	自2014年5月26日起施行	第六条
1.1.1-2	建设工程开工前,未及时办理工程质量监督手续	《建设工程质量管理条例》(中华人民共和国国务院令第279号)	自2000年1月30日起施行	第十三条
1.1.1-3	施工图设计文件未经工程行政主管部门审查批准	《建设工程质量管理条例》(中华人民共和国国务院令第279号)	自2000年1月30日起施行	第十一条
1.1.1-4	未办理工程施工许可手续	《中华人民共和国公路法》(中华人民共和国主席令第19号)	自2004年8月28日起施行	第二十五条
1.1.1-5	工程施工许可已过期	《中华人民共和国公路法》(中华人民共和国主席令第19号)	自2004年8月28日起施行	第二十五条
1.1.1-6	建设工程未经验收合格已交付使用	《建设工程质量管理条例》(中华人民共和国国务院令第279号)	自2000年1月30日起施行	第十六条
1.1.2	制度/措施			
1.1.2-1	未制定各项质量管理制度	《深圳市交通运输委员会关于进一步加强道路与水运工程质量和安全生产管理的若干意见》(深交〔2014〕220号)	自2014年5月26日起施行	第九条
1.1.2-2	未认真执行质量管理制度的要求	《深圳市交通运输委员会关于进一步加强道路与水运工程质量和安全生产管理的若干意见》(深交〔2014〕220号)	自2014年5月26日起施行	第九条
1.1.2-3	质量管理制度内容不完善	《深圳市交通运输委员会关于进一步加强道路与水运工程质量和安全生产管理的若干意见》(深交〔2014〕220号)	自2014年5月26日起施行	第九条

续上表

条目代码	条 目 内 容	依 据	执 行 时 间	所在章节
1.1.2-4	质量管理制度审批手续不完善	《深圳市交通运输委员会关于进一步加强道路与水运工程质量和安全生产管理的若干意见》(深交〔2014〕220号)	自2014年5月26日起施行	第九条
1.1.3	履约检查			
1.1.3-1	未对施工单位进场的主要管理人员进行审批	《深圳市交通运输委员会关于进一步加强道路与水运工程质量和安全生产管理的若干意见》(深交〔2014〕220号)	自2014年5月26日起施行	第十二条
1.1.3-2	未对监理单位进场的主要管理人员进行审批	《深圳市交通运输委员会关于进一步加强道路与水运工程质量和安全生产管理的若干意见》(深交〔2014〕220号)	自2014年5月26日起施行	第十二条
1.1.3-3	施工单位项目经理变更未办理变更手续	《深圳市交通运输委员会关于进一步加强道路与水运工程质量和安全生产管理的若干意见》(深交〔2014〕220号)	自2014年5月26日起施行	第十二条
1.1.3-4	监理单位总监理工程师变更未办理变更手续	《深圳市交通运输委员会关于进一步加强道路与水运工程质量和安全生产管理的若干意见》(深交〔2014〕220号)	自2014年5月26日起施行	第十二条
1.1.4	质量管理/检查			
1.1.4-1	未建立质量管理体系	《深圳市交通运输委员会关于进一步加强道路与水运工程质量和安全生产管理的若干意见》(深交〔2014〕220号)	自2014年5月26日起施行	第九条
1.1.4-2	质量管理体系内容不完善	《深圳市交通运输委员会关于进一步加强道路与水运工程质量和安全生产管理的若干意见》(深交〔2014〕220号)	自2014年5月26日起施行	第九条
1.1.4-3	质量管理体系审批手续不完善	《深圳市交通运输委员会关于进一步加强道路与水运工程质量和安全生产管理的若干意见》(深交〔2014〕220号)	自2014年5月26日起施行	第九条
1.1.4-4	未定期开展质量检查	《深圳市交通运输委员会关于进一步加强道路与水运工程质量和安全生产管理的若干意见》(深交〔2014〕220号)	自2014年5月26日起施行	第十二条
1.1.4-5	对质量检查中发现的问题未整改闭合	《深圳市交通运输委员会关于进一步加强道路与水运工程质量和安全生产管理的若干意见》(深交〔2014〕220号)	自2014年5月26日起施行	第十二条

续上表

条目代码	条目内容	依据	执行时间	所在章节
1.1.4-6	明示或暗示施工单位使用不合格的建筑材料、建筑构配件和设备	《深圳市建设工程质量管理条例》(深圳市人大常委会公告第83号)	自2003年7月1日起施行	第二十条
1.1.4-7	明示或暗示设计、施工单位违反工程建设工程强制性标准,降低建设工程质量	《深圳市建设工程质量管理条例》(深圳市人大常委会公告第83号)	自2003年7月1日起施行	第二十条
1.1.4-8	未及时收集、整理建设项目各环节的文件资料,未建立、健全项目档案	《建设工程质量管理条例》(中华人民共和国国务院令第279号)	自2000年1月30日起施行	第十七条
1.1.4-9	对所采用的无现行工程建设强制性标准的新技术、新工艺、新材料,未按规定组织技术论证	《深圳市交通运输委员会关于进一步加强道路与水运工程质量和安全生产管理的若干意见》(深交〔2014〕220号)	自2014年5月26日起施行	第十二条
1.2	监理单位			
1.2.1	履约情况			
1.2.1-1	监理单位等级资质证书过期	《建设工程质量管理条例》(中华人民共和国国务院令第279号)	自2000年1月30日起施行	第三十四条
1.2.1-2	未按合同约定配置监理机构	《建设工程监理规范》(GB/T 50319—2013)	自2014年3月1日起施行	3.1.1
1.2.1-3	组织机构人员进场未报建设单位审核	《建设工程监理规范》(GB/T 50319—2013)	自2014年3月1日起施行	3.1.3
1.2.1-4	组织机构人员变更无手续或手续不完善	《建设工程监理规范》(GB/T 50319—2013)	自2014年3月1日起施行	3.1.4
1.2.1-5	总监无监理单位法定代表人书面任命书	《建设工程监理规范》(GB/T 50319—2013)	自2014年3月1日起施行	2.0.6
1.2.1-6	总监代表未经监理单位法定代表人同意,无总监书面授权	《建设工程监理规范》(GB/T 50319—2013)	自2014年3月1日起施行	2.0.7
1.2.1-7	总监代表无工程类注册执业资格或中级及以上专业技术职称,未经监理业务培训	《建设工程监理规范》(GB/T 50319—2013)	自2014年3月1日起施行	2.0.7

续上表

条目代码	条目内容	依据	执行时间	所在章节
1.2.1-8	专业监理工程师无工程类注册执业资格或中级及以上专业技术职称,未经监理业务培训	《建设工程监理规范》(GB/T 50319—2013)	自2014年3月1日起施行	2.0.8
1.2.1-9	监理员无中专及以上学历,未经监理业务培训	《建设工程监理规范》(GB/T 50319—2013)	自2014年3月1日起施行	2.0.9
1.2.1-10	项目监理机构未定期召开监理例会	《建设工程监理规范》(GB/T 50319—2013)	自2014年3月1日起施行	4.1.4
1.2.2	规划/制度/细则			
1.2.2-1	总监未组织专业监理工程师编制监理规划	《建设工程监理规范》(GB/T 50319—2013)	自2014年3月1日起施行	4.2.2
1.2.2-2	监理规划未经工程监理单位技术负责人审批	《建设工程监理规范》(GB/T 50319—2013)	自2014年3月1日起施行	4.2.2
1.2.2-3	监理规划内容不完善	《建设工程监理规范》(GB/T 50319—2013)	自2014年3月1日起施行	4.2.3
1.2.2-4	监理规划在实施过程中未根据工程条件变化进行修改	《建设工程监理规范》(GB/T 50319—2013)	自2014年3月1日起施行	4.2.4
1.2.2-5	监理规划修改未经工程监理单位技术负责人批准	《建设工程监理规范》(GB/T 50319—2013)	自2014年3月1日起施行	4.2.4
1.2.2-6	未针对某一专业或某一方面建设工程编制监理实施细则	《建设工程监理规范》(GB/T 50319—2013)	自2014年3月1日起施行	2.0.11
1.2.2-7	监理实施细则由非对应专业监理工程师编制	《建设工程监理规范》(GB/T 50319—2013)	自2014年3月1日起施行	4.3.2
1.2.2-8	总监未审批监理实施细则	《建设工程监理规范》(GB/T 50319—2013)	自2014年3月1日起施行	4.3.2
1.2.2-9	监理实施细则内容不完善	《建设工程监理规范》(GB/T 50319—2013)	自2014年3月1日起施行	4.3.4

续上表

条目代码	条目内容	依据	执行时间	所在章节
1.2.2-10	监理实施细则未根据实际情况进行补充、修改;补充、修改后未经总监批准实施	《建设工程监理规范》(GB/T 50319—2013)	自2014年3月1日起施行	4.3.5
1.2.2-11	项目监理机构未制定相应的管理制度和监理措施	《建设工程监理规范》(GB/T 50319—2013)	自2014年3月1日起施行	5.1.1
1.2.2-12	项目监理机构制定的管理制度或监理措施未落实	《建设工程监理规范》(GB/T 50319—2013)	自2014年3月1日起施行	5.1.1
1.2.2-13	项目监理机构未建立完善的监理文件资料管理制度	《建设工程监理规范》(GB/T 50319—2013)	自2014年3月1日起施行	7.1.1
1.2.2-14	项目监理机构未及时、准确、完整地搜集、整理、编制、传递监理文件资料	《建设工程监理规范》(GB/T 50319—2013)	自2014年3月1日起施行	7.1.2
1.2.2-15	监理文件资料不完善	《建设工程监理规范》(GB/T 50319—2013)	自2014年3月1日起施行	7.2.1
1.2.2-16	监理日志未填写或填写内容不完善	《建设工程监理规范》(GB/T 50319—2013)	自2014年3月1日起施行	7.2.2
1.2.2-17	无监理月报或监理月报内容不完善	《建设工程监理规范》(GB/T 50319—2013)	自2014年3月1日起施行	7.2.3
1.2.2-18	项目监理机构未及时整理、分类汇总监理文件资料,未按规定组卷,形成监理档案	《建设工程监理规范》(GB/T 50319—2013)	自2014年3月1日起施行	7.3.1
1.2.3	监理审批情况			
1.2.3-1	项目监理机构未审查施工组织设计	《建设工程监理规范》(GB/T 50319—2013)	自2014年3月1日起施行	5.1.6
1.2.3-2	项目监理机构对施工组织设计内容审查不完善或审查不严谨,内容存在错漏	《建设工程监理规范》(GB/T 50319—2013)	自2014年3月1日起施行	5.1.6
1.2.3-3	工程项目未满足开工条件的情况下,总监违规签发工程开工令	《建设工程监理规范》(GB/T 50319—2013)	自2014年3月1日起施行	5.1.8

续上表

条目代码	条目内容	依据	执行时间	所在章节
1.2.3-4	工程项目在未取得开工令的情况下违规施工作业，现场监理未进行阻止	《建设工程监理规范》(GB/T 50319—2013)	自2014年3月1日起施行	5.1.8
1.2.3-5	检验批、隐蔽工程、分项工程由监理员进行验收签认	《建设工程监理规范》(GB/T 50319—2013)	自2014年3月1日起施行	3.2.3
1.2.3-6	工程开工前，项目监理机构未审查施工单位现场的质量管理组织机构、管理制度及专职管理人员和特种作业人员资格	《建设工程监理规范》(GB/T 50319—2013)	自2014年3月1日起施行	5.2.1
1.2.3-7	项目监理机构未审查施工方案	《建设工程监理规范》(GB/T 50319—2013)	自2014年3月1日起施行	5.2.2
1.2.3-8	项目监理机构对施工方案内容审查不完善或审查不严谨，内容存在错漏	《建设工程监理规范》(GB/T 50319—2013)	自2014年3月1日起施行	5.2.2
1.2.3-9	专业监理工程师未检查、复核施工单位报送的施工控制测量成果及保护措施，并签署意见	《建设工程监理规范》(GB/T 50319—2013)	自2014年3月1日起施行	5.2.5
1.2.3-10	专业监理工程师未检查施工单位为本工程提供服务的试验室	《建设工程监理规范》(GB/T 50319—2013)	自2014年3月1日起施行	5.2.7
1.2.3-11	项目监理机构未审查施工单位报送的用于工程的材料、构配件、设备的质量证明文件	《建设工程监理规范》(GB/T 50319—2013)	自2014年3月1日起施行	5.2.9
1.2.3-12	项目监理机构对已进场经检验不合格的工程材料、构配件、设备，未要求施工单位限期将其撤出施工现场	《建设工程监理规范》(GB/T 50319—2013)	自2014年3月1日起施行	5.2.9
1.2.4	检查与闭合			
1.2.4-1	未对施工单位质量保证措施落实情况、主要人员、关键设备到位情况进行检查	《深圳市交通运输委员会关于进一步加强道路与水运工程质量和安全生产管理的若干意见》(深交〔2014〕220号)	自2014年5月26日起施行	第三十一条
1.2.4-2	项目监理机构未根据工程特点和施工单位报送的施工组织设计，确定旁站的关键部位	《建设工程监理规范》(GB/T 50319—2013)	自2014年3月1日起施行	5.2.11

续上表

条目代码	条 目 内 容	依 据	执 行 时 间	所在章节
1.2.4-3	项目监理机构未安排监理人员对关键工序进行旁站	《建设工程监理规范》(GB/T 50319—2013)	自2014年3月1日起施行	5.2.11
1.2.4-4	项目监理机构无关键工序旁站记录	《建设工程监理规范》(GB/T 50319—2013)	自2014年3月1日起施行	5.2.11
1.2.4-5	项目监理机构未安排监理人员对工程施工质量进行巡视	《建设工程监理规范》(GB/T 50319—2013)	自2014年3月1日起施行	5.2.12
1.2.4-6	监理人员巡视走过场，未发现施工单位未按工程设计文件、工程建设标准和批准的施工组织设计、(专项)施工方案施工	《建设工程监理规范》(GB/T 50319—2013)	自2014年3月1日起施行	5.2.12
1.2.4-7	监理人员巡视走过场，未发现施工单位使用的工程材料、构配件和设备未经检验合格或为不合格产品	《建设工程监理规范》(GB/T 50319—2013)	自2014年3月1日起施行	5.2.12
1.2.4-8	监理人员巡视走过场，未发现施工现场管理人员，特别是施工质量管理人员未到位	《建设工程监理规范》(GB/T 50319—2013)	自2014年3月1日起施行	5.2.12
1.2.4-9	监理人员巡视走过场，未发现特种作业人员未持证上岗	《建设工程监理规范》(GB/T 50319—2013)	自2014年3月1日起施行	5.2.12
1.2.4-10	项目监理机构发现施工存在问题的，或施工单位采用不适当的施工工艺，或施工不当，造成工程质量不合格的，未及时签发监理通知单，要求施工单位整改	《建设工程监理规范》(GB/T 50319—2013)	自2014年3月1日起施行	5.2.15
1.2.4-11	项目监理机构未根据施工单位报送的监理通知回复对整改情况进行复查，并提出复查意见	《建设工程监理规范》(GB/T 50319—2013)	自2014年3月1日起施行	5.2.15
1.2.4-12	对需要返工处理加固补强的质量缺陷，项目监理机构未要求施工单位报送经设计等相关单位认可的处理方案，未对质量缺陷的处理过程进行跟踪检查，未对处理结果进行验收	《建设工程监理规范》(GB/T 50319—2013)	自2014年3月1日起施行	5.2.16

续上表

条目代码	条目内容	依据	执行时间	所在章节
1.2.4-13	对需要返工处理加固补强的质量事故，项目监理机构未要求施工单位报送质量事故调查报告和经设计等相关单位认可的处理方案，未对质量事故的处理过程进行跟踪检查，未对处理结果进行验收	《建设工程监理规范》(GB/T 50319—2013)	自2014年3月1日起施行	5.2.17
1.2.4-14	项目监理机构未及时向建设单位提交质量事故书面报告，未将完整的质量事故处理记录整理归档	《建设工程监理规范》(GB/T 50319—2013)	自2014年3月1日起施行	5.2.17
1.2.4-15	项目监理机构未对施工单位提交的单位工程竣工验收报审表及竣工资料进行审查	《建设工程监理规范》(GB/T 50319—2013)	自2014年3月1日起施行	5.2.18
1.2.4-16	建设单要求暂停施工且工程需要暂停施工的，总监未及时签发工程暂停令	《建设工程监理规范》(GB/T 50319—2013)	自2014年3月1日起施行	6.2.2
1.2.4-17	施工单位未经批准擅自施工或拒绝项目监理机构管理的，总监未及时签发工程暂停令	《建设工程监理规范》(GB/T 50319—2013)	自2014年3月1日起施行	6.2.2
1.2.4-18	施工单位未按审查通过的工程设计文件施工的，总监未及时签发工程暂停令	《建设工程监理规范》(GB/T 50319—2013)	自2014年3月1日起施行	6.2.2
1.2.4-19	施工单位未按批准的施工组织设计、(专项)施工方案施工或违反工程建设强制性标准的，总监未及时签发工程暂停令	《建设工程监理规范》(GB/T 50319—2013)	自2014年3月1日起施行	6.2.2
1.2.4-20	总监签发工程暂停令未征得建设单位同意；在紧急情况下未能事先报告的，未在事后及时向建设单位作出书面报告	《建设工程监理规范》(GB/T 50319—2013)	自2014年3月1日起施行	6.2.3
1.2.4-21	暂停施工事件发生时，项目监理机构未如实对所发生的情况进行记录	《建设工程监理规范》(GB/T 50319—2013)	自2014年3月1日起施行	6.2.4
1.2.4-22	施工单位按未经批准的设计变更进行施工，项目监理机构未进行阻止	《建设工程监理规范》(GB/T 50319—2013)	自2014年3月1日起施行	6.3.1

续上表

条目代码	条 目 内 容	依 据	执 行 时 间	所在章节
1.2.4-23	项目监理机构未检查设备制造单位的质量管理体系，未审查设备制造单位报送的设备制造生产计划和工艺方案	《建设工程监理规范》(GB/T 50319—2013)	自2014年3月1日起施行	8.3.1
1.2.4-24	项目监理机构未审查设备制造的检验计划和检验要求	《建设工程监理规范》(GB/T 50319—2013)	自2014年3月1日起施行	8.3.2
1.2.4-25	专业监理工程师未审查设备制造的原材料、外购配套件、元器件、标准件，以及坯料的质量证明文件及检验报告，未审查设备制造单位提交的报验资料，或符合规定时未予以签认	《建设工程监理规范》(GB/T 50319—2013)	自2014年3月1日起施行	8.3.3
1.2.4-26	项目监理机构未对设备制造过程进行监督和检查，对主要及关键零部件的制造工序未进行抽检	《建设工程监理规范》(GB/T 50319—2013)	自2014年3月1日起施行	8.3.4
1.2.4-27	项目监理机构未检查和监督设备的装配过程	《建设工程监理规范》(GB/T 50319—2013)	自2014年3月1日起施行	8.3.6
1.2.4-28	在设备运往现场前，项目监理机构未检查设备制造单位对待运设备采取的防护和包装措施，未检查是否符合运输、装卸、储存、安装的要求，以及随机文件、装箱单和附件是否齐全	《建设工程监理规范》(GB/T 50319—2013)	自2014年3月1日起施行	8.3.9
1.2.4-29	设备运到现场后，项目监理机构未参加由设备制造单位按合同约定与接收单位的交接工作	《建设工程监理规范》(GB/T 50319—2013)	自2014年3月1日起施行	8.3.10
1.2.4-30	未组织桩基础、地基基础、主体结构、重要结构部位等分项、分部工程和隐蔽工程的验收	《深圳市建设工程质量管理条例》(深圳市人大常委会公告第83号)	自2003年7月1日起施行	第三十八条
1.2.4-31	对建设、施工单位违反规定使用建筑材料、建筑构配件和设备的，未采取措施予以制止	《深圳市建设工程质量管理条例》(深圳市人大常委会公告第83号)	自2003年7月1日起施行	第三十九条
1.2.4-32	对建设、施工单位违反规定使用建筑材料、建筑构配件和设备无法有效制止时，未及时通知质监机构和有关行政主管部门	《深圳市建设工程质量管理条例》(深圳市人大常委会公告第83号)	自2003年7月1日起施行	第三十九条

续上表

条目代码	条 目 内 容	依 据	执 行 时 间	所在章节
1.2.4-33	施工单位不按经审查批准的施工图设计文件施工或者有其他违法、违章行为，监理单位未采取措施予以制止	《深圳市建设工程质量管理条例》（深圳市人大常委会公告第83号）	自2003年7月1日起施行	第四十条
1.2.4-34	施工单位不按经审查批准的施工图设计文件施工或者有其他违法、违章行为，监理单位无法有效制止时，未及时通知建设单位，并报告质监机构和有关行政主管部门	《深圳市建设工程质量管理条例》（深圳市人大常委会公告第83号）	自2003年7月1日起施行	第四十条
1.2.4-35	未认真核查施工技术档案	《深圳市交通运输委员会关于进一步加强道路与水运工程质量和安全生产管理的若干意见》（深交〔2014〕220号）	自2014年5月26日起施行	第三十一条
1.2.5	试验检测			
1.2.5-1	项目监理机构未按规定对用于工程的材料进行见证取样和送检	《建设工程监理规范》（GB/T 50319—2013）	自2014年3月1日起施行	5.2.9
1.2.5-2	项目监理机构未根据工程特点、专业要求，以及建设工程监理合同约定，对工程材料、施工质量进行平行检验	《建设工程监理规范》（GB/T 50319—2013）	自2014年3月1日起施行	5.1.13
1.2.5-3	监理抽检试验室无备案手续	《深圳市交通建设工程试验检测监督管理制度》（深交质监〔2011〕25号）	自2011年4月18日起施行	第一条
1.2.5-4	工地试验室超过备案的专业和项目参数范围进行试验检测	《深圳市交通运输委员会关于进一步加强道路与水运工程质量和安全生产管理的若干意见》（深交〔2014〕220号）	自2014年5月26日起施行	第二十六条
1.2.5-5	工地试验室试验检测项目及参数或试验检测人员变更未进行备案	《深圳市交通建设工程试验检测监督管理制度》（深交质监〔2011〕25号）	自2011年4月18日起施行	第七条
1.2.5-6	工地试验室未建立完整的试验检测人员和仪器设备档案	《深圳市交通建设工程试验检测监督管理制度》（深交质监〔2011〕25号）	自2011年4月18日起施行	第八条
1.2.5-7	工地试验室试验检测台账不连续，不对应	《深圳市交通建设工程试验检测监督管理制度》（深交质监〔2011〕25号）	自2011年4月18日起施行	第八条

续上表

条目代码	条 目 内 容	依 据	执 行 时 间	所在章节
1.2.5-8	工地试验室试验检测无原始数据	《深圳市交通建设工程试验检测监督管理制度》(深交质监〔2011〕25 号)	自 2011 年 4 月 18 日起施行	第八条
1.2.5-9	工地试验室试验检测报告签字人为非持证人员或检测人员专业不对应	《深圳市交通建设工程试验检测监督管理制度》(深交质监〔2011〕25 号)	自 2011 年 4 月 18 日起施行	第八条
1.2.5-10	工地试验室试验检测环境(养护室、样品室、留样室等)不满足试验检测规程要求或试验检测需要	《深圳市交通建设工程试验检测监督管理制度》(深交质监〔2011〕25 号)	自 2011 年 4 月 18 日起施行	第八条
1.2.5-11	工地试验室出具的试验检测报告未加盖工地试验室印章	《深圳市交通建设工程试验检测监督管理制度》(深交质监〔2011〕25 号)	自 2011 年 4 月 18 日起施行	第九条
1.2.5-12	工地试验室对外承揽试验检测业务	《深圳市交通建设工程试验检测监督管理制度》(深交质监〔2011〕25 号)	自 2011 年 4 月 18 日起施行	第九条
1.2.5-13	工地试验室未建立完善的工作制度和管理制度	《广东省交通运输厅关于公路水运工程工地试验室的管理办法(试行)》(粤交基第 2011 条 1671 号)	自 2012 年 2 月 1 日起施行	第八条
1.2.5-14	母体试验室未定期或不定期对授权建立的工地试验室进行监督检查或业务指导,对发现的问题未及时纠正处理	《广东省交通运输厅关于公路水运工程工地试验室的管理办法(试行)》(粤交基〔2011〕1671 号)	自 2012 年 2 月 1 日起施行	第二十三条
1.2.5-15	项目监理机构未对施工单位报验的隐蔽工程、检验批准;未对分项工程和分部工程进行验收,对验收合格的未及时给予签认	《建设工程监理规范》(GB/T 50319—2013)	自 2014 年 3 月 1 日起施行	5.2.14
1.2.5-16	项目监理机构发现施工单位私自覆盖工程隐蔽部位未要求进行重新检验	《建设工程监理规范》(GB/T 50319—2013)	自 2014 年 3 月 1 日起施行	5.2.14
1.2.5-17	监理机构未对所监理的施工单位工地试验室进行日常监督管理	《广东省交通运输厅关于公路水运工程工地试验室的管理办法(试行)》(粤交基〔2011〕1671 号)	自 2012 年 2 月 1 日起施行	二十四

续上表

条目代码	条 目 内 容	依 据	执 行 时 间	所在章节
1.3	施工单位			
1.3.1	管理行为			
1.3.1.1	履约情况			
1.3.1.1-1	无相应的施工企业资质	《城镇道路工程施工与质量验收规范》(CJJ 1—2008)	自2008年9月1日起施行	3.0.1
1.3.1.1-2	施工单位未依法取得相应等级的资质证书	《建设工程质量管理条例》(中华人民共和国国务院令第279号)	自2000年1月30日起施行	第二十五条
1.3.1.1-3	施工单位转包或违法分包工程	《建设工程质量管理条例》(中华人民共和国国务院令第279号)	自2000年1月30日起施行	第二十五条
1.3.1.1-4	未办理施工许可证,施工单位违规进场作业	《深圳市建设工程质量管理条例》(深圳市人大常委会公告第83号)	自2003年7月1日起施行	第二十七条
1.3.1.1-5	施工许可证已过期,施工单位违规进行作业	《深圳市建设工程质量管理条例》(深圳市人大常委会公告第83号)	自2003年7月1日起施行	第二十七条
1.3.1.1-6	组织机构人员进场未报监理单位审核	《建设工程质量管理条例》(中华人民共和国国务院令第279号)	自2000年1月30日起施行	第三十六条
1.3.1.1-7	组织机构人员变更无手续或手续不完善	《深圳市交通运输委员会关于进一步加强道路与水运工程质量和安全生产管理的若干意见》(深交〔2014〕220号)	自2014年5月26日起施行	第二十二条
1.3.1.1-8	组织机构人员变更替换人资格条件低于投标文件承诺	《建设工程质量管理条例》(中华人民共和国国务院令第279号)	自2000年1月30日起施行	第二十六条
1.3.1.1-9	项目经理、总工、安全主管不在岗	《建设工程质量管理条例》(中华人民共和国国务院令第279号)	自2000年1月30日起施行	第二十六条
1.3.1.2	施组与方案			
1.3.1.2-1	未编制施工组织设计	《城镇道路工程施工与质量验收规范》(CJJ 1—2008)	自2008年9月1日起施行	3.0.4
1.3.1.2-2	施工组织设计内容不完善	《建筑施工组织设计规范》(GB/T 50502—2009)	自2009年10月1日起施行	4.1-4.6

续上表

条目代码	条 目 内 容	依 据	执 行 时 间	所在章节
1.3.1.2-3	施工组织设计编制和审批手续不符合规范要求	《建筑施工组织设计规范》(GB/T 50502—2009)	自2009年10月1日起施行	3.0.5
1.3.1.2-4	施工组织设计未实行动态管理或修改、补充后未履行原程序审批后实施	《建筑施工组织设计规范》(GB/T 50502—2009)	自2009年10月1日起施行	3.0.6
1.3.1.2-5	未对关键的分项、分部工程分别编制专项施工方案	《给水排水管道工程施工及验收规范》(GB 50268—2008)	自2009年5月1日起施行	3.1.5
1.3.1.2-6	专项施工方案由非本专业的工程师编制	《给水排水管道工程施工及验收规范》(GB 50268—2008)	自2009年5月1日起施行	3.1.5
1.3.1.2-7	专项施工方案审批手续不完善	《给水排水管道工程施工及验收规范》(GB 50268—2008)	自2009年5月1日起施行	3.1.5
1.3.1.3	体系及制度			
1.3.1.3-1	未建立施工技术和质量保证体系	《城镇道路工程施工与质量验收规范》(CJJ 1—2008)	自2008年9月1日起施行	3.0.2
1.3.1.3-2	未制定各项施工管理制度	《城镇道路工程施工与质量验收规范》(CJJ 1—2008)	自2008年9月1日起施行	3.0.2
1.3.1.3-3	未认真执行施工管理制度的要求	《城镇道路工程施工与质量验收规范》(CJJ 1—2008)	自2008年9月1日起施行	3.0.2
1.3.1.3-4	质量保证体系或施工管理制度内容不完善	《城镇道路工程施工与质量验收规范》(CJJ 1—2008)	自2008年9月1日起施行	3.0.2
1.3.1.3-5	质量保证体系或施工管理制度审批手续不完善	《城镇道路工程施工与质量验收规范》(CJJ 1—2008)	自2008年9月1日起施行	3.0.2
1.3.1.3-6	未建立质量责任制	《建设工程质量管理条例》(中华人民共和国国务院令第279号)	自2000年1月30日起施行	第二十六条
1.3.1.3-7	质量岗位责任制未落实到人	《深圳市交通运输委员会关于进一步加强道路与水运工程质量和安全生产管理的若干意见》(深交〔2014〕220号)	自2014年5月26日起施行	第二十一条

续上表

条目代码	条目内容	依据	执行时间	所在章节
1.3.1.3-8	未建立施工质量检验制度	《深圳市建设工程质量管理条例》(深圳市人大常委会公告第83号)	自2003年7月1日起施行	第三十条
1.3.1.3-9	施工质量检验制度不完善	《深圳市建设工程质量管理条例》(深圳市人大常委会公告第83号)	自2003年7月1日起施行	第三十条
1.3.1.3-10	未建立建筑材料、建筑构配件和设备进场验收和检验制度	《深圳市建设工程质量管理条例》(深圳市人大常委会公告第83号)	自2003年7月1日起施行	第三十一条
1.3.1.3-11	施工单位未建立、健全教育培训制度	《建设工程质量管理条例》(中华人民共和国国务院令第279号)	自2000年1月30日起施行	第三十三条
1.3.1.3-12	施工单位未对上岗作业工人进行培训教育或技术交底	《建设工程质量管理条例》(中华人民共和国国务院令第279号)	自2000年1月30日起施行	第三十三条
1.3.1.3-13	上岗作业工人无培训教育考核合格记录	《建设工程质量管理条例》(中华人民共和国国务院令第279号)	自2000年1月30日起施行	第三十三条
1.3.1.4	质量管理			
1.3.1.4-1	未按经审批的施工图或设计文件进行施工	《城市桥梁工程施工与质量验收规范》(CJJ 2—2008)	自2009年7月1日起施行	2.0.5
1.3.1.4-2	按未经批准的设计变更进行施工	《城市桥梁工程施工与质量验收规范》(CJJ 2—2008)	自2009年7月1日起施行	2.0.5
1.3.1.4-3	施工单位擅自修改工程设计,偷工减料	《建设工程质量管理条例》(中华人民共和国国务院令第279号)	自2000年1月30日起施行	第二十八条
1.3.1.4-4	无测量交桩记录或交桩手续未完善即进行施工作业	《城镇道路工程施工与质量验收规范》(CJJ 1—2008)	自2008年9月1日起施行	4.0.3
1.3.1.4-5	未建立技术交底制度;未对一线作业工人进行技术交底,并形成文件	《城镇道路工程施工与质量验收规范》(CJJ 1—2008)	自2008年9月1日起施行	3.0.7
1.3.1.4-6	前一分项工程未经验收合格即进行后一分项工程施工	《城镇道路工程施工与质量验收规范》(CJJ 1—2008)	自2008年9月1日起施行	3.0.9

续上表

条目代码	条 目 内 容	依 据	执 行 时 间	所在章节
1.3.1.4-7	未进行分部分项工程划分	《城镇道路工程施工与质量验收规范》(CJJ 1—2008)	自2008年9月1日起施行	3.0.13
1.3.1.4-8	分部分项工程划分未经监理工程师审批	《城镇道路工程施工与质量验收规范》(CJJ 1—2008)	自2008年9月1日起施行	4.0.8
1.3.1.4-9	无开工报告或开工报告审批手续不完善	《深圳市交通运输委员会关于进一步加强道路与水运工程质量和安全生产管理的若干意见》(深交〔2014〕220号)	自2014年5月26日起施行	第二十五条
1.3.1.4-10	未进行施工图纸审查	《给水排水管道工程施工及验收规范》(GB 50268—2008)	自2009年5月1日起施行	3.1.4
1.3.1.4-11	无分项、分部工程和隐蔽工程的质量检查和验收记录	《深圳市建设工程质量管理条例》(深圳市人大常委会公告第83号)	自2003年7月1日起施行	第三十条
1.3.1.4-12	对工程使用的主要建筑材料、建筑构配件和设备,在未经验收或检测合格的情况下已使用	《深圳市建设工程质量管理条例》(深圳市人大常委会公告第83号)	自2003年7月1日起施行	第三十一条
1.3.1.4-13	违规使用经检验不合格的建筑材料或建筑构配件	《深圳市建设工程质量管理条例》(深圳市人大常委会公告第83号)	自2003年7月1日起施行	第三十一条
1.3.1.4-14	经验收或检验不合格的建筑材料或建筑构配件未进行封存、退场处理	《深圳市建设工程质量管理条例》(深圳市人大常委会公告第83号)	自2003年7月1日起施行	第三十三条
1.3.1.4-15	施工单位发生质量事故未在24h内上报主管部门	《深圳市建设工程质量管理条例》(深圳市人大常委会公告第83号)	自2003年7月1日起施行	第三十五条
1.3.1.4-16	未配备档案管理员负责收集整理工程档案资料	《深圳市建设工程质量管理条例》(深圳市人大常委会公告第83号)	自2003年7月1日起施行	第三十六条
1.3.1.4-17	施工技术档案与现场施工进度不一致	《深圳市交通运输委员会关于进一步加强道路与水运工程质量和安全生产管理的若干意见》(深交〔2014〕220号)	自2014年5月26日起施行	第二十七条

续上表

条目代码	条目内容	依据	执行时间	所在章节
1.3.1.4-18	施工技术档案签认手续不完善	《深圳市交通运输委员会关于进一步加强道路与水运工程质量和安全生产管理的若干意见》(深交〔2014〕220号)	自2014年5月26日起施行	第二十七条
1.3.1.4-19	施工技术档案存在弄虚作假、代签现象	《深圳市交通运输委员会关于进一步加强道路与水运工程质量和安全生产管理的若干意见》(深交〔2014〕220号)	自2014年5月26日起施行	第二十七条
1.3.1.4-20	施工技术档案台账不清晰，管理混乱	《深圳市交通运输委员会关于进一步加强道路与水运工程质量和安全生产管理的若干意见》(深交〔2014〕220号)	自2014年5月26日起施行	第二十七条
1.3.1.5	试验检测			
1.3.1.5-1	自检试验室无备案手续	《深圳市交通建设工程试验检测监督管理制度》(深交质监〔2011〕25号)	自2011年4月18日起施行	第一条
1.3.1.5-2	工地试验室无备案手续	《深圳市交通建设工程试验检测监督管理制度》(深交质监〔2011〕25号)	自2011年4月18日起施行	第一条
1.3.1.5-3	工地试验室超过备案的专业和项目参数范围进行试验检测	《深圳市交通运输委员会关于进一步加强道路与水运工程质量和安全生产管理的若干意见》(深交〔2014〕220号)	自2014年5月26日起施行	二十六
1.3.1.5-4	工地试验室试验检测项目及参数或试验检测人员变更未进行备案	《深圳市交通建设工程试验检测监督管理制度》(深交质监〔2011〕25号)	自2011年4月18日起施行	第七条
1.3.1.5-5	工地试验室未建立完整的试验检测人员和仪器设备档案	《深圳市交通建设工程试验检测监督管理制度》(深交质监〔2011〕25号)	自2011年4月18日起施行	第八条
1.3.1.5-6	工地试验室试验检测台账不连续，不对应	《深圳市交通建设工程试验检测监督管理制度》(深交质监〔2011〕25号)	自2011年4月18日起施行	第八条
1.3.1.5-7	工地试验室试验检测无原始数据	《深圳市交通建设工程试验检测监督管理制度》(深交质监〔2011〕25号)	自2011年4月18日起施行	第八条

续上表

条目代码	条目内容	依据	执行时间	所在章节
1.3.1.5-8	工地试验室试验检测报告签字人为非持证人员或检测人员专业不对应	《深圳市交通建设工程试验检测监督管理制度》(深交质监〔2011〕25号)	自2011年4月18日起施行	第八条
1.3.1.5-9	工地试验室试验检测环境(如养护室、样品室、留样室等)不满足试验检测规程要求或试验检测需要	《深圳市交通建设工程试验检测监督管理制度》(深交质监〔2011〕25号)	自2011年4月18日起施行	第八条
1.3.1.5-10	工地试验室出具的试验检测报告未加盖工地试验室印章	《深圳市交通建设工程试验检测监督管理制度》(深交质监〔2011〕25号)	自2011年4月18日起施行	第九条
1.3.1.5-11	工地试验室对外承揽试验检测业务	《深圳市交通建设工程试验检测监督管理制度》(深交质监〔2011〕25号)	自2011年4月18日起施行	第九条
1.3.1.5-12	工地试验室未建立完善的工作制度和管理制度	《广东省交通运输厅关于公路水运工程工地试验室的管理办法(试行)》(粤交基〔2011〕1671号)	自2012年2月1日起施行	第八条
1.3.1.5-13	母体试验室未定期或不定期对授权建立的工地试验室进行监督检查或业务指导,对发现的问题未及时纠正处理	《广东省交通运输厅关于公路水运工程工地试验室的管理办法(试行)》(粤交基〔2011〕1671号)	自2012年2月1日起施行	第二十三条
1.3.2	道路工程			
1.3.2.1	基本规定			
1.3.2.1-1	未编制专项施工方案	《深圳市交通运输委员会关于进一步加强道路与水运工程质量和安全生产管理的若干意见》(深交〔2014〕220号)	自2014年5月26日起施行	第五十条
1.3.2.1-2	专项施工方案审批手续不完善	《深圳市交通运输委员会关于进一步加强道路与水运工程质量和安全生产管理的若干意见》(深交〔2014〕220号)	自2014年5月26日起施行	第五十一条
1.3.2.2	路基工程			
1.3.2.2-1	路基工程施工前未对中线、边线和高程控制桩进行复核	《城镇道路工程施工与质量验收规范》(CJJ 1—2008)	自2008年9月1日起施行	6.1.1
1.3.2.2-2	路基土未进行物理性能试验	《城镇道路工程施工与质量验收规范》(CJJ 1—2008)	自2008年9月1日起施行	6.1.4

续上表

条目代码	条目内容	依据	执行时间	所在章节
1.3.2.2-3	路基施工无临时排水措施或排水不畅	《城镇道路工程施工与质量验收规范》(CJJ 1—2008)	自2008年9月1日起施行	6.2.1
1.3.2.2-4	人机配合土方作业,无专人指挥	《城镇道路工程施工与质量验收规范》(CJJ 1—2008)	自2008年9月1日起施行	6.3.3
1.3.2.2-5	路基成形后,未对边线进行整形、碾压	《城镇道路工程施工与质量验收规范》(CJJ 1—2008)	自2008年9月1日起施行	6.3.4
1.3.2.2-6	路堑、边坡开挖方法不符合地势、环境状况、路堑尺寸及土壤种类	《城镇道路工程施工与质量验收规范》(CJJ 1—2008)	自2008年9月1日起施行	6.3.7
1.3.2.2-7	路基边坡的坡度不符合设计要求	《城镇道路工程施工与质量验收规范》(CJJ 1—2008)	自2008年9月1日起施行	6.3.8
1.3.2.2-8	路基挖土时未自上而下分层开挖	《城镇道路工程施工与质量验收规范》(CJJ 1—2008)	自2008年9月1日起施行	6.3.10
1.3.2.2-9	机械开挖作业在管道边1m范围内未采用人工开挖	《城镇道路工程施工与质量验收规范》(CJJ 1—2008)	自2008年9月1日起施行	6.3.10
1.3.2.2-10	机械开挖作业在直埋缆线2m范围内未采用人工开挖	《城镇道路工程施工与质量验收规范》(CJJ 1—2008)	自2008年9月1日起施行	6.3.10
1.3.2.2-11	弃土、暂存土占压、损坏、掩埋检查井、消火栓等设施	《城镇道路工程施工与质量验收规范》(CJJ 1—2008)	自2008年9月1日起施行	6.3.11
1.3.2.2-12	违规采用垃圾土、建筑垃圾等废弃材料进行路基回填	《城镇道路工程施工与质量验收规范》(CJJ 1—2008)	自2008年9月1日起施行	6.3.12
1.3.2.2-13	路基填土未进行分层碾压回填	《城镇道路工程施工与质量验收规范》(CJJ 1—2008)	自2008年9月1日起施行	6.3.12
1.3.2.2-14	路基填土厚度不符合规范或设计要求	《城镇道路工程施工与质量验收规范》(CJJ 1—2008)	自2008年9月1日起施行	6.3.12
1.3.2.2-15	下层填土未经验收合格即进行上层填筑	《城镇道路工程施工与质量验收规范》(CJJ 1—2008)	自2008年9月1日起施行	6.3.12

续上表

条目代码	条目内容	依据	执行时间	所在章节
1.3.2.2-16	路基填土每侧宽度未大于设计值50cm	《城镇道路工程施工与质量验收规范》(CJJ 1—2008)	自2008年9月1日起施行	6.3.12
1.3.2.2-17	原地面横坡较大时未采用台阶法进行分层回填	《城镇道路工程施工与质量验收规范》(CJJ 1—2008)	自2008年9月1日起施行	6.3.12
1.3.2.2-18	压实路基表面存在翻浆、起皮、波浪等现象	《城镇道路工程施工与质量验收规范》(CJJ 1—2008)	自2008年9月1日起施行	6.3.12
1.3.2.2-19	采用爆破法施工石方无专项施工方案或专项施工方案未经专家论证或专项施工方案专家论证审批、签认手续不完善	《城镇道路工程施工与质量验收规范》(CJJ 1—2008)	自2008年9月1日起施行	6.4.3
1.3.2.2-20	爆破施工由未取得爆破专业技术资质的企业承担(或企业资质过期),爆破工未经技术培训持证上岗,现场未设专人指挥	《城镇道路工程施工与质量验收规范》(CJJ 1—2008)	自2008年9月1日起施行	6.4.3
1.3.2.2-21	路肩未与路基、基层、面层等各层同步施工	《城镇道路工程施工与质量验收规范》(CJJ 1—2008)	自2008年9月1日起施行	6.5.1
1.3.2.2-22	土方路基压实度或弯沉检测不满足设计或规范要求	《城镇道路工程施工与质量验收规范》(CJJ 1—2008)	自2008年9月1日起施行	6.8.1
1.3.2.3	软基处理			
1.3.2.3-1	软基处理无专项施工方案	《城镇道路工程施工与质量验收规范》(CJJ 1—2008)	自2008年9月1日起施行	6.7.1
1.3.2.3-2	软基处理专项施工方案审批手续不完善	《城镇道路工程施工与质量验收规范》(CJJ 1—2008)	自2008年9月1日起施行	6.7.1
1.3.2.3-3	软基处理施工方法与设计或专项施工方案不符	《城镇道路工程施工与质量验收规范》(CJJ 1—2008)	自2008年9月1日起施行	6.7.1
1.3.2.3-4	软基处理施工工艺不符合规范要求	《城镇道路工程施工与质量验收规范》(CJJ 1—2008)	自2008年9月1日起施行	6.7.2
1.3.2.3-5	软基处理无施工记录	《城镇道路工程施工与质量验收规范》(CJJ 1—2008)	自2008年9月1日起施行	6.7.2

续上表

条目代码	条 目 内 容	依 据	执 行 时 间	所在章节
1.3.2.3-6	土工材料产品质量不满足规范要求	《城镇道路工程施工与质量验收规范》(CJJ 1—2008)	自2008年9月1日起施行	6.7.2
1.3.2.3-7	土工材料存在破损现象	《城镇道路工程施工与质量验收规范》(CJJ 1—2008)	自2008年9月1日起施行	6.7.2
1.3.2.3-8	土工材料搭接不满足规范要求	《城镇道路工程施工与质量验收规范》(CJJ 1—2008)	自2008年9月1日起施行	6.7.2
1.3.2.3-9	袋装砂井砂袋或砂袋织物质量不符合设计要求	《城镇道路工程施工与质量验收规范》(CJJ 1—2008)	自2008年9月1日起施行	6.7.2
1.3.2.3-10	袋装砂井砂袋未垂直入井，存在扭曲、缩颈、断割或磨损现象	《城镇道路工程施工与质量验收规范》(CJJ 1—2008)	自2008年9月1日起施行	6.7.2
1.3.2.3-11	袋装砂井砂袋在孔口外顺直伸入砂垫层长度小于30cm	《城镇道路工程施工与质量验收规范》(CJJ 1—2008)	自2008年9月1日起施行	6.7.2
1.3.2.3-12	袋装砂井的井距、井深、井径不符合设计要求	《城镇道路工程施工与质量验收规范》(CJJ 1—2008)	自2008年9月1日起施行	6.7.2
1.3.2.3-13	塑料排水板产品质量不符合设计要求	《城镇道路工程施工与质量验收规范》(CJJ 1—2008)	自2008年9月1日起施行	6.7.2
1.3.2.3-14	塑料排水板敷设不顺直	《城镇道路工程施工与质量验收规范》(CJJ 1—2008)	自2008年9月1日起施行	6.7.2
1.3.2.3-15	塑料排水板超过孔口伸入砂垫层长度小于50cm	《城镇道路工程施工与质量验收规范》(CJJ 1—2008)	自2008年9月1日起施行	6.7.2
1.3.2.3-16	砂桩桩长、桩距、桩径、填砂量不符合设计要求	《城镇道路工程施工与质量验收规范》(CJJ 1—2008)	自2008年9月1日起施行	6.7.2
1.3.2.3-17	碎石桩处理软土路基未进行成桩试验	《城镇道路工程施工与质量验收规范》(CJJ 1—2008)	自2008年9月1日起施行	6.7.2
1.3.2.3-18	碎石桩桩距、桩长、灌石量不符合设计要求	《城镇道路工程施工与质量验收规范》(CJJ 1—2008)	自2008年9月1日起施行	6.7.2

续上表

条目代码	条目内容	依据	执行时间	所在章节
1.3.2.3-19	粉喷桩或搅拌桩未进行工艺性成桩试验	《城镇道路工程施工与质量验收规范》(CJJ 1—2008)	自2008年9月1日起施行	6.7.2
1.3.2.3-20	粉喷桩或搅拌桩桩距、桩长、桩径、承载力不符合设计规定	《城镇道路工程施工与质量验收规范》(CJJ 1—2008)	自2008年9月1日起施行	6.7.2
1.3.2.3-21	换填法处理路基换填宽度未宽出路基坡脚0.5-1.0m	《城镇道路工程施工与质量验收规范》(CJJ 1—2008)	自2008年9月1日起施行	6.7.2
1.3.2.3-22	强夯处理路基施工前未进行试夯	《城镇道路工程施工与质量验收规范》(CJJ 1—2008)	自2008年9月1日起施行	6.7.2
1.3.2.3-23	强夯作业未指定作业区域,无专人指挥施工	《城镇道路工程施工与质量验收规范》(CJJ 1—2008)	自2008年9月1日起施行	6.7.2
1.3.2.3-24	复合地基承载力不满足设计要求	《城镇道路工程施工与质量验收规范》(CJJ 1—2008)	自2008年9月1日起施行	6.8.4
1.3.2.4	沥青混合料面层			
1.3.2.4-1	雨天或环境最高温度低于5℃时进行沥青摊铺施工	《城镇道路工程施工与质量验收规范》(CJJ 1—2008)	自2008年9月1日起施行	8.1.2
1.3.2.4-2	沥青原材料不符合设计或规范的要求	《城镇道路工程施工与质量验收规范》(CJJ 1—2008)	自2008年9月1日起施行	8.1.7
1.3.2.4-3	沥青混合料用粗集料物理性能不符合设计或规范要求	《城镇道路工程施工与质量验收规范》(CJJ 1—2008)	自2008年9月1日起施行	8.1.7
1.3.2.4-4	沥青混合料用细集料物理性能不符合设计或规范要求	《城镇道路工程施工与质量验收规范》(CJJ 1—2008)	自2008年9月1日起施行	8.1.7
1.3.2.4-5	热拌沥青混合料的摊铺不符合规范或方案的要求	《城镇道路工程施工与质量验收规范》(CJJ 1—2008)	自2008年9月1日起施行	8.2.14
1.3.2.4-6	热拌沥青混合料的压实不符合规范或方案的要求	《城镇道路工程施工与质量验收规范》(CJJ 1—2008)	自2008年9月1日起施行	8.2.15
1.3.2.4-7	沥青路面施工接缝未按规范或方案要求进行处理	《城镇道路工程施工与质量验收规范》(CJJ 1—2008)	自2008年9月1日起施行	8.2.19

续上表

条目代码	条 目 内 容	依 据	执 行 时 间	所在章节
1.3.2.4-8	未按设计或规范要求喷洒透层油、黏层油或封层油	《城镇道路工程施工与质量验收规范》(CJJ 1—2008)	自2008年9月1日起施行	8.4
1.3.2.4-9	透层油、黏层油或封层油喷洒不均匀	《城镇道路工程施工与质量验收规范》(CJJ 1—2008)	自2008年9月1日起施行	8.4
1.3.2.4-10	沥青路面厚度、压实度、弯沉值、井框与面层高差等参数不符合设计要求	《城镇道路工程施工与质量验收规范》(CJJ 1—2008)	自2008年9月1日起施行	8.5.1
1.3.2.4-11	沥青路面表面不平整、接缝不紧密,有明显轮迹、脱落或油斑	《城镇道路工程施工与质量验收规范》(CJJ 1—2008)	自2008年9月1日起施行	8.5.1
1.3.2.5	水泥混凝土面层			
1.3.2.5-1	水泥物理力学性能不符合规范要求	《城镇道路工程施工与质量验收规范》(CJJ 1—2008)	自2008年9月1日起施行	10.1.1
1.3.2.5-2	水泥混凝土路面粗集料物理性能不符合设计或规范要求	《城镇道路工程施工与质量验收规范》(CJJ 1—2008)	自2008年9月1日起施行	10.1.2
1.3.2.5-3	水泥混凝土路面细集料物理性能不符合设计或规范要求	《城镇道路工程施工与质量验收规范》(CJJ 1—2008)	自2008年9月1日起施行	10.1.3
1.3.2.5-4	钢筋力学性能不符合规范要求	《城镇道路工程施工与质量验收规范》(CJJ 1—2008)	自2008年9月1日起施行	10.1.6
1.3.2.5-5	水泥混凝土施工配合比未获监理工程师批准	《城镇道路工程施工与质量验收规范》(CJJ 1—2008)	自2008年9月1日起施行	10.3.2
1.3.2.5-6	模板与混凝土摊铺机械不匹配	《城镇道路工程施工与质量验收规范》(CJJ 1—2008)	自2008年9月1日起施行	10.4.2
1.3.2.5-7	模板高度小于水泥混凝土路面板设计厚度	《城镇道路工程施工与质量验收规范》(CJJ 1—2008)	自2008年9月1日起施行	10.4.2
1.3.2.5-8	未按设计或规范要求进行钢筋安装	《城镇道路工程施工与质量验收规范》(CJJ 1—2008)	自2008年9月1日起施行	10.4.3
1.3.2.5-9	未按设计要求设置传力杆或预设胀缝	《城镇道路工程施工与质量验收规范》(CJJ 1—2008)	自2008年9月1日起施行	10.4.3

续上表

条目代码	条目内容	依据	执行时间	所在章节
1.3.2.5-10	水泥混凝土存在离析现象	《城镇道路工程施工与质量验收规范》(CJJ 1—2008)	自2008年9月1日起施行	10.6
1.3.2.5-11	水泥混凝土坍落度不符合规范或设计要求	《城镇道路工程施工与质量验收规范》(CJJ 1—2008)	自2008年9月1日起施行	10.6
1.3.2.5-12	水泥混凝土路面未进行拉毛、压痕或刻痕处理	《城镇道路工程施工与质量验收规范》(CJJ 1—2008)	自2008年9月1日起施行	10.6.5
1.3.2.5-13	水泥混凝土路面未按设计或规范要求进行切缝处理	《城镇道路工程施工与质量验收规范》(CJJ 1—2008)	自2008年9月1日起施行	10.6.6
1.3.2.5-14	水泥混凝土路面成型后未及时进行洒水养护	《城镇道路工程施工与质量验收规范》(CJJ 1—2008)	自2008年9月1日起施行	10.7.1
1.3.2.5-15	水泥混凝土路面养护方法或时间不符合设计或规范要求	《城镇道路工程施工与质量验收规范》(CJJ 1—2008)	自2008年9月1日起施行	10.7.1
1.3.2.5-16	水泥混凝土路面养护期满后未及时进行填缝处理	《城镇道路工程施工与质量验收规范》(CJJ 1—2008)	自2008年9月1日起施行	10.7.5
1.3.2.5-17	水泥混凝土路面填缝材料不符合设计要求	《城镇道路工程施工与质量验收规范》(CJJ 1—2008)	自2008年9月1日起施行	10.7.5
1.3.2.5-18	水泥混凝土路面浇注填缝材料时缝槽处于潮湿状态	《城镇道路工程施工与质量验收规范》(CJJ 1—2008)	自2008年9月1日起施行	10.7.5
1.3.2.5-19	在水泥路面未达到设计强度或填缝未完成前开放交通	《城镇道路工程施工与质量验收规范》(CJJ 1—2008)	自2008年9月1日起施行	10.7.6
1.3.2.5-20	水泥路面抗弯拉强度、厚度、井框与面层高差等参数不满足设计要求	《城镇道路工程施工与质量验收规范》(CJJ 1—2008)	自2008年9月1日起施行	10.8.1
1.3.2.5-21	水泥路面不平整，或存在缺边掉角、蜂窝麻面现象	《城镇道路工程施工与质量验收规范》(CJJ 1—2008)	自2008年9月1日起施行	10.8.1
1.3.2.6	路面基层			
1.3.2.6-1	路面基层、底基层水泥物理性能不满足规范要求	《城镇道路工程施工与质量验收规范》(CJJ 1—2008)	自2008年9月1日起施行	7.5.1

续上表

条目代码	条 目 内 容	依 据	执 行 时 间	所在章节
1.3.2.6-2	路面基层、底基层砂石材料物理性能不符合设计要求	《城镇道路工程施工与质量验收规范》(CJJ 1—2008)	自2008年9月1日起施行	7.5.1
1.3.2.6-3	路面基层、底基层水泥稳定土类材料水泥含量不符合设计要求	《城镇道路工程施工与质量验收规范》(CJJ 1—2008)	自2008年9月1日起施行	7.5.3
1.3.2.6-4	路面基层、底基层分层摊铺时,下层养护少于7d即进行上层摊铺	《城镇道路工程施工与质量验收规范》(CJJ 1—2008)	自2008年9月1日起施行	7.5.6
1.3.2.6-5	路面基层、底基层养护期间未封闭交通	《城镇道路工程施工与质量验收规范》(CJJ 1—2008)	自2008年9月1日起施行	7.5.9
1.3.2.6-6	路面基层、底基层养护时间少于7d	《城镇道路工程施工与质量验收规范》(CJJ 1—2008)	自2008年9月1日起施行	7.5.9
1.3.2.6-7	路面基层、底基层压实度或弯沉检测不满足设计或规范要求	《城镇道路工程施工与质量验收规范》(CJJ 1—2008)	自2008年9月1日起施行	7.8
1.3.2.6-8	旧沥青路面作为路面基层未按设计或规范进行处理	《城镇道路工程施工与质量验收规范》(CJJ 1—2008)	自2008年9月1日起施行	8.1.4
1.3.2.6-9	旧水泥路面作为路面基层未按设计或规范进行处理	《城镇道路工程施工与质量验收规范》(CJJ 1—2008)	自2008年9月1日起施行	8.1.6
1.3.2.7	人行道			
1.3.2.7-1	人行道与相邻构筑物未接顺	《城镇道路工程施工与质量验收规范》(CJJ 1—2008)	自2008年9月1日起施行	13.1.1
1.3.2.7-2	料石或预制砌块无法提供物理力学性能试验检测合格报告,或其物理力学性能不满足设计或规范要求	《城镇道路工程施工与质量验收规范》(CJJ 1—2008)	自2008年9月1日起施行	13.2
1.3.2.7-3	料石存在缺边掉角现象	《城镇道路工程施工与质量验收规范》(CJJ 1—2008)	自2008年9月1日起施行	13.2.1
1.3.2.7-4	水泥混凝土预制砌块存在蜂窝、露石、脱皮现象	《城镇道路工程施工与质量验收规范》(CJJ 1—2008)	自2008年9月1日起施行	13.2.2

续上表

条目代码	条目内容	依据	执行时间	所在章节
1.3.2.7-5	彩色道板砖色彩不均匀	《城镇道路工程施工与质量验收规范》(CJJ 1—2008)	自2008年9月1日起施行	13.2.2
1.3.2.7-6	盲道设置不符合设计或规范要求	《城镇道路工程施工与质量验收规范》(CJJ 1—2008)	自2008年9月1日起施行	13.2.6
1.3.2.7-7	路口处盲道未铺设为无障碍形式	《城镇道路工程施工与质量验收规范》(CJJ 1—2008)	自2008年9月1日起施行	13.2.7
1.3.2.7-8	人行道铺砌不稳固,存在缝线不顺直,翘动、反坡、积水现象	《城镇道路工程施工与质量验收规范》(CJJ 1—2008)	自2008年9月1日起施行	13.4.1
1.3.2.7-9	人行道平整度、井框与面层高差等参数不满足设计或规范要求	《城镇道路工程施工与质量验收规范》(CJJ 1—2008)	自2008年9月1日起施行	13.4.1
1.3.3	桥梁工程			
1.3.3.1	基本规定			
1.3.3.1-1	未编制专项施工方案	《深圳市交通运输委员会关于进一步加强道路与水运工程质量和安全生产管理的若干意见》(深交〔2014〕220号)	自2014年5月26日起施行	第五十一条
1.3.3.1-2	专项施工方案审批手续不完善	《深圳市交通运输委员会关于进一步加强道路与水运工程质量和安全生产管理的若干意见》(深交〔2014〕220号)	自2014年5月26日起施行	第五十一条
1.3.3.1-3	专项施工方案未按要求进行专家论证	关于印发《危险性较大的分部分项工程安全管理办法》的通知(建质〔2009〕87号)	自2009年5月13日起施行	第九条
1.3.3.1-4	专项施工方案专家论证手续不完善,专家少于5名,或论证后签认手续不完善	关于印发《危险性较大的分部分项工程安全管理办法》的通知(建质〔2009〕87号)	自2009年5月13日起施行	第十条
1.3.3.1-5	危险性较大分部分项工程未办理开工申请手续	《深圳市交通运输委员会关于进一步加强道路与水运工程质量和安全生产管理的若干意见》(深交〔2014〕220号)	自2014年5月26日起施行	第五十一条
1.3.3.1-6	开工审批手续不完善	《深圳市交通运输委员会关于进一步加强道路与水运工程质量和安全生产管理的若干意见》(深交〔2014〕220号)	自2014年5月26日起施行	第五十一条

续上表

条目代码	条 目 内 容	依 据	执 行 时 间	所在章节
1.3.3.1-7	未建立质量技术交底制度	《城市桥梁工程施工与质量验收规范》(CJJ 2—2008)	自2009年7月1日起施行	2.0.8
1.3.3.1-8	未对一线作业工人进行技术交底,并形成文件	《城市桥梁工程施工与质量验收规范》(CJJ 2—2008)	自2009年7月1日起施行	2.0.8
1.3.3.1-9	设计变更手续不齐全,未按照经批准的设计变更进行施工	《城市桥梁工程施工与质量验收规范》(CJJ 2—2008)	自2009年7月1日起施行	2.0.5
1.3.3.1-10	工序完成后未经自检合格即进行下一道工序施工,隐蔽验收资料签认手续不齐全	《深圳市交通运输委员会关于进一步加强道路与水运工程质量和安全生产管理的若干意见》(深交〔2014〕220号)	自2014年5月26日起施行	第二十五条
1.3.3.1-11	未及时对完工分部分项工程进行验收	《城市桥梁工程施工与质量验收规范》(CJJ 2—2008)	自2009年7月1日起施行	2.0.10
1.3.3.2	模板钢筋工程			
1.3.3.2-1	模板与混凝土接触面不平整,接缝不严密	《城市桥梁工程施工与质量验收规范》(CJJ 2—2008)	自2009年7月1日起施行	5.2.1
1.3.3.2-2	模板、支架未经验收合格即进行一下工序施工	《城市桥梁工程施工与质量验收规范》(CJJ 2—2008)	自2009年7月1日起施行	5.2.12
1.3.3.2-3	钢筋原材未按品种、规格、检验结果、使用状态等情况树立标牌	《城市桥梁工程施工与质量验收规范》(CJJ 2—2008)	自2009年7月1日起施行	6.1.2
1.3.3.2-4	钢筋存放场地无防雨、防潮、防锈措施,加工场地未硬化	《城市桥梁工程施工与质量验收规范》(CJJ 2—2008)	自2009年7月1日起施行	6.1.3
1.3.3.2-5	钢筋搭接焊不符合规范要求	《城市桥梁工程施工与质量验收规范》(CJJ 2—2008)	自2009年7月1日起施行	6.3.5
1.3.3.2-6	钢筋骨架焊接工作台不坚固	《城市桥梁工程施工与质量验收规范》(CJJ 2—2008)	自2009年7月1日起施行	6.4.2
1.3.3.2-7	绑扎接头未在中心和两端至少3处用绑丝绑牢	《城市桥梁工程施工与质量验收规范》(CJJ 2—2008)	自2009年7月1日起施行	6.3.7

续上表

条目代码	条目内容	依据	执行时间	所在章节
1.3.3.2-8	结构和构件拐角处的钢筋交叉点未全部绑扎，绑扎钢筋的铁丝丝头进入砼保护层内	《公路桥涵施工技术规范》(JTG/T F50-2011)	自2011年8月1日起施行	4.4.2
1.3.3.2-9	钢筋与模板之间未设置垫块，垫块强度、密实性不满足规范要求，垫块未与钢筋绑扎牢固、错开布置	《城市桥梁工程施工与质量验收规范》(CJJ 2—2008)	自2009年7月1日起施行	6.4.5
1.3.3.2-10	支架基础不符合规范或设计要求；支架基础无验收记录	《城市桥梁工程施工与质量验收规范》(CJJ 2—2008)	自2009年7月1日起施行	5.2.4
1.3.3.2-11	支架模板安装后未进行预压消除非弹性变形	《城市桥梁工程施工与质量验收规范》(CJJ 2—2008)	自2009年7月1日起施行	13.1.1
1.3.3.2-12	支架制作与安装不符合设计图或者施工方案的规定	《城市桥梁工程施工与质量验收规范》(CJJ 2—2008)	自2009年7月1日起施行	5.4.1
1.3.3.2-13	模板制作与安装不符合设计图或者施工方案的规定	《城市桥梁工程施工与质量验收规范》(CJJ 2—2008)	自2009年7月1日起施行	5.4.1
1.3.3.2-14	钢筋原材未经检验合格即用于工程建设	《城市桥梁工程施工与质量验收规范》(CJJ 2—2008)	自2009年7月1日起施行	6.1.2
1.3.3.2-15	钢筋原材料自检频率不满足规范要求	《城市桥梁工程施工与质量验收规范》(CJJ 2—2008)	自2009年7月1日起施行	6.5.1
1.3.3.2-16	钢筋接头自检频率不满足规范要求	《城市桥梁工程施工与质量验收规范》(CJJ 2—2008)	自2009年7月1日起施行	6.3.5
1.3.3.2-17	钢筋表面存在裂纹、锈蚀和油污现象	《城市桥梁工程施工与质量验收规范》(CJJ 2—2008)	自2009年7月1日起施行	6.5.6
1.3.3.2-18	钢筋加工形状、尺寸、数量不符合设计要求	《城市桥梁工程施工与质量验收规范》(CJJ 2—2008)	自2009年7月1日起施行	6.2.3
1.3.3.2-19	钢筋加工尺寸偏差超过规范允许偏差	《城市桥梁工程施工与质量验收规范》(CJJ 2—2008)	自2009年7月1日起施行	6.5.7
1.3.3.2-20	受力钢筋接头未设置在受力较小处或位于构件最大弯矩处	《城市桥梁工程施工与质量验收规范》(CJJ 2—2008)	自2009年7月1日起施行	6.3.2

续上表

条目代码	条 目 内 容	依 据	执 行 时 间	所在章节
1.3.3.2-21	在一接头长度区段内，同一根钢筋存在二个及以上接头	《城市桥梁工程施工与质量验收规范》（CJJ 2—2008）	自2009年7月1日起施行	6.3.2
1.3.3.2-22	现场钢筋焊接作业人员无上岗证	《城市桥梁工程施工与质量验收规范》（CJJ 2—2008）	自2009年7月1日起施行	6.3.3
1.3.3.2-23	钢筋焊接接头不符合规范要求	《城市桥梁工程施工与质量验收规范》（CJJ 2—2008）	自2009年7月1日起施行	6.3.5
1.3.3.2-24	钢筋机械接头不符合规范要求	《城市桥梁工程施工与质量验收规范》（CJJ 2—2008）	自2009年7月1日起施行	6.3.8
1.3.3.2-25	同一截面的钢筋接头超过钢筋总数的50%	《城市桥梁工程施工与质量验收规范》（CJJ 2—2008）	自2009年7月1日起施行	6.3.8
1.3.3.3	混凝土工程			
1.3.3.3-1	水泥原材料进场未进行物理性能检验或检验结论、频率不符合规范要求	《城市桥梁工程施工与质量验收规范》（CJJ 2—2008）	自2009年7月1日起施行	7.2.1
1.3.3.3-2	水泥原材料存储未采取防潮防雨措施	《城市桥梁工程施工与质量验收规范》（CJJ 2—2008）	自2009年7月1日起施行	7.2.1
1.3.3.3-3	细集料的技术指标或自检频率不符合规范要求	《城市桥梁工程施工与质量验收规范》（CJJ 2—2008）	自2009年7月1日起施行	7.2.3
1.3.3.3-4	粗集料的技术指标或自检频率不符合规范要求	《城市桥梁工程施工与质量验收规范》（CJJ 2—2008）	自2009年7月1日起施行	7.2.4
1.3.3.3-5	水泥混凝土施工配合比未获监理工程师批准	《城市桥梁工程施工与质量验收规范》（CJJ 2—2008）	自2009年7月1日起施行	7.13.3
1.3.3.3-6	混凝土拌和物搅拌不均匀，颜色不一致，存在离析和泌水现象	《城市桥梁工程施工与质量验收规范》（CJJ 2—2008）	自2009年7月1日起施行	7.4.6
1.3.3.3-7	混凝土施工缝位置及处理方法不符合施工方案或规范要求	《城市桥梁工程施工与质量验收规范》（CJJ 2—2008）	自2009年7月1日起施行	7.5.6

续上表

条目代码	条目内容	依据	执行时间	所在章节
1.3.3.3-8	混凝土养护不及时或未采取有效措施进行覆盖和洒水	《城市桥梁工程施工与质量验收规范》(CJJ 2—2008)	自2009年7月1日起施行	7.6
1.3.3.3-9	大体积混凝土无专项施工技术方案,或浇筑、养护和温度控制不符合规范要求	《城市桥梁工程施工与质量验收规范》(CJJ 2—2008)	自2009年7月1日起施行	7.1
1.3.3.3-10	混凝土强度等级不满足设计要求	《城市桥梁工程施工与质量验收规范》(CJJ 2—2008)	自2009年7月1日起施行	7.13.5
1.3.3.3-11	混凝土强度自检频率不满足规范要求	《城市桥梁工程施工与质量验收规范》(CJJ 2—2008)	自2009年7月1日起施行	7.13.5
1.3.3.4	基础与墩台			
1.3.3.4-1	扩大基础基底地基承载力不满足设计要求;无验槽记录	《城市桥梁工程施工与质量验收规范》(CJJ 2—2008)	自2009年7月1日起施行	10.1.7
1.3.3.4-2	基础回填土未分层填筑,未进行压实度检测	《城市桥梁工程施工与质量验收规范》(CJJ 2—2008)	自2009年7月1日起施行	10.1.9
1.3.3.4-3	灌注桩钻孔前未埋设护筒;护筒尺寸或埋设不符合规范要求	《城市桥梁工程施工与质量验收规范》(CJJ 2—2008)	自2009年7月1日起施行	10.3.1
1.3.3.4-4	孔内(泥浆)水位未高出护筒底脚0.5m以上或地下水位1.5m以上	《城市桥梁工程施工与质量验收规范》(CJJ 2—2008)	自2009年7月1日起施行	10.3.2
1.3.3.4-5	孔内泥浆性能不符合规范要求或无检测记录	《城市桥梁工程施工与质量验收规范》(CJJ 2—2008)	自2009年7月1日起施行	10.3.2
1.3.3.4-6	无钻孔记录或钻孔记录签认不完善	《城市桥梁工程施工与质量验收规范》(CJJ 2—2008)	自2009年7月1日起施行	10.7.4
1.3.3.4-7	无检孔器或无检孔记录	《城市桥梁工程施工与质量验收规范》(CJJ 2—2008)	自2009年7月1日起施行	10.3.3
1.3.3.4-8	无钢筋笼保护层垫块或垫块不符合规范要求	《城市桥梁工程施工与质量验收规范》(CJJ 2—2008)	自2009年7月1日起施行	10.3.4
1.3.3.4-9	桩头混凝土清除不到位,桩顶凿毛不符合水平施工缝要求	《公路桥涵施工技术规范》(JTG/T F50-2011)	自2011年8月1日起施行	13.3.1

续上表

条目代码	条目内容	依据	执行时间	所在章节
1.3.3.4-10	基桩桩头钢筋主筋严重变形，保护层厚度不符合设计要求	《城市桥梁工程施工与质量验收规范》(CJJ 2—2008)	自2009年7月1日起施行	10.7.4
1.3.3.4-11	桩身混凝土强度等级不满足设计要求	《城市桥梁工程施工与质量验收规范》(CJJ 2—2008)	自2009年7月1日起施行	10.7.4
1.3.3.4-12	承台基底未浇筑混凝土垫层	《城市桥梁工程施工与质量验收规范》(CJJ 2—2008)	自2009年7月1日起施行	10.6.2
1.3.3.4-13	人工挖孔桩施工无专项施工方案或方案内容不完善	关于印发《危险性较大的分部分项工程安全管理办法》的通知(建质〔2009〕87号)	自2009年5月13日起施行	第五、七条
1.3.3.4-14	人工挖孔桩专项施工方案未按规范要求进行专家论证或专家论证手续不完善	关于印发《危险性较大的分部分项工程安全管理办法》的通知(建质〔2009〕87号)	自2009年5月13日起施行	第五条
1.3.3.4-15	人工挖孔桩混凝土护壁支护不符合设计或方案要求	《公路桥涵施工技术规范》(JTG/T F50-2011)	自2011年8月1日起施行	8.6.3
1.3.3.4-16	基础与墩台结构尺寸不符合规范要求	《城市桥梁工程施工与质量验收规范》(CJJ 2—2008)	自2009年7月1日起施行	10.7.4
1.3.3.4-17	现浇混凝土墩台、盖梁基础混凝土顶面未凿毛处理	《城市桥梁工程施工与质量验收规范》(CJJ 2—2008)	自2009年7月1日起施行	11.1
1.3.3.4-18	桥梁墩台台背填土不符合设计或规范要求；未进行压实度检测	《城市桥梁工程施工与质量验收规范》(CJJ 2—2008)	自2009年7月1日起施行	11.4
1.3.3.4-19	墩台混凝土强度等级不满足设计要求	《城市桥梁工程施工与质量验收规范》(CJJ 2—2008)	自2009年7月1日起施行	11.5.3
1.3.3.4-20	混凝土表面存在孔洞、露筋、蜂窝、麻面、裂缝等质量缺陷	《城市桥梁工程施工与质量验收规范》(CJJ 2—2008)	自2009年7月1日起施行	11.5
1.3.3.5	梁板桥面系			
1.3.3.5-1	支座无进场性能试验检测报告	《城市桥梁工程施工与质量验收规范》(CJJ 2—2008)	自2009年7月1日起施行	12.5.1
1.3.3.5-2	支座安装平面位置或顶面高程不正确	《城市桥梁工程施工与质量验收规范》(CJJ 2—2008)	自2009年7月1日起施行	12.1.2

续上表

条目代码	条 目 内 容	依 据	执 行 时 间	所在章节
1.3.3.5-3	支座安装存在脱空、受力不均匀现象	《城市桥梁工程施工与质量验收规范》(CJJ 2—2008)	自2009年7月1日起施行	12.1.2
1.3.3.5-4	支座滑动面的聚四氟乙烯滑板或不锈钢板存在划痕、碰伤现象	《城市桥梁工程施工与质量验收规范》(CJJ 2—2008)	自2009年7月1日起施行	12.1.3
1.3.3.5-5	支座安装后,支座与墩台顶钢垫板或垫石间未密贴	《城市桥梁工程施工与质量验收规范》(CJJ 2—2008)	自2009年7月1日起施行	12.3.4
1.3.3.5-6	支座混凝土垫石的强度等级不满足设计要求	《城市桥梁工程施工与质量验收规范》(CJJ 2—2008)	自2009年7月1日起施行	12.1.4
1.3.3.5-7	支座安装允许偏差不符合规范要求	《城市桥梁工程施工与质量验收规范》(CJJ 2—2008)	自2009年7月1日起施行	12.5.6
1.3.3.5-8	混凝土梁板悬臂浇筑挂篮结构安装与专项方案不符	《城市桥梁工程施工与质量验收规范》(CJJ 2—2008)	自2009年7月1日起施行	13.2.1
1.3.3.5-9	混凝土梁板悬臂浇筑挂篮结构安装、移装无验收记录	《城市桥梁工程施工与质量验收规范》(CJJ 2—2008)	自2009年7月1日起施行	13.2.1
1.3.3.5-10	桥墩两侧梁端悬臂施工不对称、不平衡;平衡偏差大于设计要求	《城市桥梁工程施工与质量验收规范》(CJJ 2—2008)	自2009年7月1日起施行	13.2.6
1.3.3.5-11	构件预制台不坚固,有变形、沉降现象	《城市桥梁工程施工与质量验收规范》(CJJ 2—2008)	自2009年7月1日起施行	13.3.1
1.3.3.5-12	构件吊点位置不符合设计或专项方案要求	《城市桥梁工程施工与质量验收规范》(CJJ 2—2008)	自2009年7月1日起施行	13.3.2
1.3.3.5-13	构件堆放不符合规范要求	《城市桥梁工程施工与质量验收规范》(CJJ 2—2008)	自2009年7月1日起施行	13.3.4
1.3.3.5-14	预制混凝土梁板混凝土强度等级不满足设计要求	《城市桥梁工程施工与质量验收规范》(CJJ 2—2008)	自2009年7月1日起施行	13.7.1
1.3.3.5-15	结构表面存在孔洞、露筋、蜂窝、麻面、裂缝等质量缺陷	《城市桥梁工程施工与质量验收规范》(CJJ 2—2008)	自2009年7月1日起施行	13.7.2
1.3.3.5-16	混凝土梁板结构尺寸允许偏差不符合规范要求	《城市桥梁工程施工与质量验收规范》(CJJ 2—2008)	自2009年7月1日起施行	13.7

续上表

条目代码	条 目 内 容	依 据	执 行 时 间	所在章节
1.3.3.5-17	预应力筋、锚具、夹具、连接器和预应力管道不满足规范或设计要求	《城市桥梁工程施工与质量验收规范》(CJJ 2—2008)	自2009年7月1日起施行	8.1
1.3.3.5-18	预应力筋采用电弧切割	《城市桥梁工程施工与质量验收规范》(CJJ 2—2008)	自2009年7月1日起施行	8.2.1
1.3.3.5-19	预应力筋束未逐根梳理顺直,存在扭转、缠绞、绑扎不牢固现象	《城市桥梁工程施工与质量验收规范》(CJJ 2—2008)	自2009年7月1日起施行	8.2.3
1.3.3.5-20	预应力钢筋张拉作业人员未经培训、考核	《城市桥梁工程施工与质量验收规范》(CJJ 2—2008)	自2009年7月1日起施行	8.4.1
1.3.3.5-21	张拉设备超过张拉次数未进行校准;张拉设备未配套校准,未配套使用	《城市桥梁工程施工与质量验收规范》(CJJ 2—2008)	自2009年7月1日起施行	8.4.2
1.3.3.5-22	预应力筋的张拉控制应力不符合设计规定	《城市桥梁工程施工与质量验收规范》(CJJ 2—2008)	自2009年7月1日起施行	8.4.3
1.3.3.5-23	无预应力筋张拉记录表	《城市桥梁工程施工与质量验收规范》(CJJ 2—2008)	自2009年7月1日起施行	8.4.4
1.3.3.5-24	实际伸长值与理论伸长值的差值不符合设计或规范要求	《城市桥梁工程施工与质量验收规范》(CJJ 2—2008)	自2009年7月1日起施行	8.4.4
1.3.3.5-25	先张法预应力施工不符合规范要求	《城市桥梁工程施工与质量验收规范》(CJJ 2—2008)	自2009年7月1日起施行	8.4.7
1.3.3.5-26	后张法预应力施工不符合规范要求	《城市桥梁工程施工与质量验收规范》(CJJ 2—2008)	自2009年7月1日起施行	8.4.8
1.3.3.5-27	后张法施工,预应力筋张拉后未及时进行孔道压浆	《城市桥梁工程施工与质量验收规范》(CJJ 2—2008)	自2009年7月1日起施行	8.4.8
1.3.3.5-28	后张法施工,孔道内的水泥浆强度未达到设计要求或规范规定即吊移预制构件	《城市桥梁工程施工与质量验收规范》(CJJ 2—2008)	自2009年7月1日起施行	8.4.8
1.3.3.5-29	预应力孔道压浆水泥浆强度不符合设计要求	《城市桥梁工程施工与质量验收规范》(CJJ 2—2008)	自2009年7月1日起施行	8.5.7
1.3.3.5-30	桥面汇水槽、泄水口顶面与桥面铺装层持平或高于桥面铺装层	《城市桥梁工程施工与质量验收规范》(CJJ 2—2008)	自2009年7月1日起施行	20.1.1

续上表

条目代码	条 目 内 容	依 据	执 行 时 间	所在章节
1.3.3.5-31	桥面防水材料物理性能检验不合格	《城市桥梁工程施工与质量验收规范》(CJJ 2—2008)	自2009年7月1日起施行	20.2.5
1.3.3.5-32	防水基层处理剂涂层不均匀、未全面覆盖	《城市桥梁工程施工与质量验收规范》(CJJ 2—2008)	自2009年7月1日起施行	20.2.4
1.3.3.5-33	防水基层处理剂未待渗入基层或表面未干燥即施作卷材或涂膜防水层	《城市桥梁工程施工与质量验收规范》(CJJ 2—2008)	自2009年7月1日起施行	20.2.4
1.3.3.5-34	防水层与汇水槽、泄水口之间黏结不牢固、封闭不严密	《城市桥梁工程施工与质量验收规范》(CJJ 2—2008)	自2009年7月1日起施行	20.2.7
1.3.3.5-35	涂膜防水层施工不符合规范要求	《城市桥梁工程施工与质量验收规范》(CJJ 2—2008)	自2009年7月1日起施行	20.2.10
1.3.3.5-36	卷材防水层施工不符合规范要求	《城市桥梁工程施工与质量验收规范》(CJJ 2—2008)	自2009年7月1日起施行	20.2.11
1.3.3.5-37	防水层存在刺穿、划痕损坏现象	《城市桥梁工程施工与质量验收规范》(CJJ 2—2008)	自2009年7月1日起施行	20.2.8
1.3.3.5-38	桥面防水层未经验收合格或雨天、雨后桥面未干燥进行桥面铺装层施工	《城市桥梁工程施工与质量验收规范》(CJJ 2—2008)	自2009年7月1日起施行	20.3.1
1.3.3.6	钢结构工程			
1.3.3.6-1	钢材、高强螺栓、涂装材料不满足规范标准的要求	《城市桥梁工程施工与质量验收规范》(CJJ 2—2008)	自2009年7月1日起施行	14.3.1
1.3.3.6-2	焊缝质量未经检测合格，或检测频率不满足规范要求	《城市桥梁工程施工与质量验收规范》(CJJ 2—2008)	自2009年7月1日起施行	14.2.5
1.3.3.6-3	钢梁安装无专项方案	《城市桥梁工程施工与质量验收规范》(CJJ 2—2008)	自2009年7月1日起施行	14.2.1
1.3.3.6-4	钢梁安装不符合规范或专项方案要求	《城市桥梁工程施工与质量验收规范》(CJJ 2—2008)	自2009年7月1日起施行	14.2.2
1.3.3.6-5	钢结构涂层厚度不满足设计要求，或检测频率不满足规范要求	《城市桥梁工程施工与质量验收规范》(CJJ 2—2008)	自2009年7月1日起施行	14.2.10

续上表

条目代码	条 目 内 容	依 据	执 行 时 间	所在章节
1.3.4	隧道工程			
1.3.4.1	基本规定			
1.3.4.1-1	隧道洞口设置、排水系统不符合规范或设计要求	《公路工程质量检验评定标准》(JTG F80/1—2017)	自2018年5月1日起施行	10.2.1
1.3.4.1-2	隧道的净高、净总宽、隧道偏位等不符合规范或设计要求	《公路工程质量检验评定标准》(JTG F80/1—2017)	自2018年5月1日起施行	10.2.2
1.3.4.1-3	隧道存在洞内渗漏水现象，不符合规范要求	《公路工程质量检验评定标准》(JTG F80/1—2017)	自2018年5月1日起施行	10.2.1
1.3.4.1-4	明洞浇筑的材料质量、材料规格、基础地基承载力等不符合规范或设计要求	《公路工程质量检验评定标准》(JTG F80/1—2017)	自2018年5月1日起施行	10.3.1
1.3.4.1-5	明洞浇筑的混凝土强度、厚度、平整度等不符合规范或设计要求	《公路工程质量检验评定标准》(JTG F80/1—2017)	自2018年5月1日起施行	10.3.2
1.3.4.1-6	明洞浇筑的外观质量不符合规范要求	《公路工程质量检验评定标准》(JTG F80/1—2017)	自2018年5月1日起施行	10.3.3
1.3.4.1-7	明洞防水层的材料质量、材料规格等不符合规范或设计要求	《公路工程质量检验评定标准》(JTG F80/1—2017)	自2018年5月1日起施行	10.4.1
1.3.4.1-8	明洞防水层的搭接长度、厚度等不符合规范或设计要求	《公路工程质量检验评定标准》(JTG F80/1—2017)	自2018年5月1日起施行	10.4.2
1.3.4.1-9	明洞防水层的外观质量不符合规范或设计要求	《公路工程质量检验评定标准》(JTG F80/1—2017)	自2018年5月1日起施行	10.4.3
1.3.4.1-10	明洞回填施工时拱圈混凝土强度不符合规范或设计要求	《公路工程质量检验评定标准》(JTG F80/1—2017)	自2018年5月1日起施行	10.5.1
1.3.4.1-11	明洞回填层厚、压实度等不符合规范或设计要求	《公路工程质量检验评定标准》(JTG F80/1—2017)	自2018年5月1日起施行	10.5.2
1.3.4.1-12	隧道洞身开挖的欠挖量、爆破震动等不符合规范要求	《公路工程质量检验评定标准》(JTG F80/1—2017)	自2018年5月1日起施行	10.6.1
1.3.4.1-13	隧道洞身开挖的超挖量不符合规范要求	《公路工程质量检验评定标准》(JTG F80/1—2017)	自2018年5月1日起施行	10.6.2

续上表

条目代码	条目内容	依据	执行时间	所在章节
1.3.4.1-14	隧道洞身开挖存在洞顶浮石,不符合规范要求	《公路工程质量检验评定标准》(JTG F80/1—2017)	自2018年5月1日起施行	10.6.3
1.3.4.1-15	喷射混凝土支护的材料不符合规范或设计要求	《公路工程质量检验评定标准》(JTG F80/1—2017)	自2018年5月1日起施行	10.7.1
1.3.4.1-16	喷射混凝土支护的混凝土强度、喷射厚度、空洞检测等不符合规范或设计要求	《公路工程质量检验评定标准》(JTG F80/1—2017)	自2018年5月1日起施行	10.7.2
1.3.4.1-17	喷射混凝土支护外观质量不符合规范要求	《公路工程质量检验评定标准》(JTG F80/1—2017)	自2018年5月1日起施行	10.7.3
1.3.4.1-18	锚杆支护的锚杆材质规格、灌浆强度等不符合规范或设计要求	《公路工程质量检验评定标准》(JTG F80/1—2017)	自2018年5月1日起施行	10.8.1
1.3.4.1-19	锚杆支护的锚杆数量、锚杆拔力等不符合规范或设计要求	《公路工程质量检验评定标准》(JTG F80/1—2017)	自2018年5月1日起施行	10.8.2
1.3.4.1-20	钢筋网支护的材料质量规格不符合规范或设计要求	《公路工程质量检验评定标准》(JTG F80/1—2017)	自2018年5月1日起施行	10.9.1
1.3.4.1-21	钢筋网支护的网格尺寸、保护层厚度等不符合规范或设计要求	《公路工程质量检验评定标准》(JTG F80/1—2017)	自2018年5月1日起施行	10.9.2
1.3.4.1-22	仰拱超挖存在用虚土回填的现象,不符合规范要求	《公路工程质量检验评定标准》(JTG F80/1—2017)	自2018年5月1日起施行	10.11.1
1.3.4.1-23	仰拱的混凝土强度、厚度等不符合规范或设计要求	《公路工程质量检验评定标准》(JTG F80/1—2017)	自2018年5月1日起施行	10.11.2
1.3.4.1-24	仰拱的混凝土强度外观质量不符合规范要求	《公路工程质量检验评定标准》(JTG F80/1—2017)	自2018年5月1日起施行	10.11.3
1.3.4.1-25	混凝土衬砌的材料质量规格、基底承载力、拱墙背后空隙回填等不符合规范或设计要求	《公路工程质量检验评定标准》(JTG F80/1—2017)	自2018年5月1日起施行	10.14.1
1.3.4.1-26	混凝土衬砌的混凝土强度、衬砌厚度等不符合规范或设计要求	《公路工程质量检验评定标准》(JTG F80/1—2017)	自2018年5月1日起施行	10.14.2
1.3.4.1-27	混凝土衬砌的外观质量不符合规范要求	《公路工程质量检验评定标准》(JTG F80/1—2017)	自2018年5月1日起施行	10.14.3

续上表

条目代码	条目内容	依据	执行时间	所在章节
1.3.4.1-28	钢支撑支护的纵向钢筋连接、拱脚基础等不符合规范或设计要求	《公路工程质量检验评定标准》(JTG F80/1—2017)	自2018年5月1日起施行	10.10.1
1.3.4.1-29	钢支撑支护的安装间距、保护层厚度等不符合规范及设计要求	《公路工程质量检验评定标准》(JTG F80/1—2017)	自2018年5月1日起施行	10.10.2
1.3.4.1-30	衬砌钢筋的品种、规格、质量等不符合规范或设计要求	《公路工程质量检验评定标准》(JTG F80/1—2017)	自2018年5月1日起施行	10.13.1
1.3.4.1-31	衬砌钢筋的主筋间距、两层钢筋间距等不符合规范或设计要求	《公路工程质量检验评定标准》(JTG F80/1—2017)	自2018年5月1日起施行	10.13.2
1.3.4.1-32	衬砌钢筋的外观质量不符合规范要求	《公路工程质量检验评定标准》(JTG F80/1—2017)	自2018年5月1日起施行	10.13.3
1.3.4.1-33	防水层防水材料的质量、规格、性能等不符合规范或设计要求	《公路工程质量检验评定标准》(JTG F80/1—2017)	自2018年5月1日起施行	10.15.1
1.3.4.1-34	防水层的搭接长度、缝宽等不符合规范或设计要求	《公路工程质量检验评定标准》(JTG F80/1—2017)	自2018年5月1日起施行	10.15.2
1.3.4.1-35	防水层外观质量不符合规范要求	《公路工程质量检验评定标准》(JTG F80/1—2017)	自2018年5月1日起施行	10.15.3
1.3.4.1-36	止水带的材质、规格等不符合规范或设计要求	《公路工程质量检验评定标准》(JTG F80/1—2017)	自2018年5月1日起施行	10.16.1
1.3.4.1-37	止水带的纵向偏离、偏离衬砌中心线等不符合规范或设计要求	《公路工程质量检验评定标准》(JTG F80/1—2017)	自2018年5月1日起施行	10.16.2
1.3.4.1-38	止水带的外观质量不符合规范要求	《公路工程质量检验评定标准》(JTG F80/1—2017)	自2018年5月1日起施行	10.16.3
1.3.4.1-39	超前锚杆的材质、规格、插入孔内长度等不符合规范或设计要求	《公路工程质量检验评定标准》(JTG F80/1—2017)	自2018年5月1日起施行	10.18.1
1.3.4.1-40	超前锚杆的长度、孔位、孔径等不符合规范或设计要求	《公路工程质量检验评定标准》(JTG F80/1—2017)	自2018年5月1日起施行	10.18.2
1.3.4.1-41	超前锚杆的连接、入孔长度等不符合规范或设计要求	《公路工程质量检验评定标准》(JTG F80/1—2017)	自2018年5月1日起施行	10.18.3

续上表

条目代码	条目内容	依据	执行时间	所在章节
1.3.4.1-42	超前钢管的型号、质量、规格等不符合规范或设计要求	《公路工程质量检验评定标准》(JTG F80/1—2017)	自2018年5月1日起施行	10.19.1
1.3.4.1-43	超前钢管的长度、孔位、孔径等不符合规范或设计要求	《公路工程质量检验评定标准》(JTG F80/1—2017)	自2018年5月1日起施行	10.19.2
1.3.4.1-44	超前钢管的连接、入孔长度等不符合规范或设计要求	《公路工程质量检验评定标准》(JTG F80/1—2017)	自2018年5月1日起施行	10.20.3
1.3.4.2	洞口明洞浅埋段			
1.3.4.2-1	边坡、仰坡以上存在可能滑塌的表土、灌木、危石的现象，不符合规范要求	《公路隧道施工技术规范》(JTG F60—2009)	自2009年10月1日起施行	5.1.2
1.3.4.2-2	在不良地质地段，进洞前未对地表及仰坡进行加固防护	《公路隧道施工技术规范》(JTG F60—2009)	自2009年10月1日起施行	5.1.3
1.3.4.2-3	洞口边仰坡开挖存在掏底开挖或上下重叠开挖的现象	《公路隧道施工技术规范》(JTG F60—2009)	自2009年10月1日起施行	5.1.4
1.3.4.2-4	未在雨季前完成洞口边仰坡排水	《公路隧道施工技术规范》(JTG F60—2009)	自2009年10月1日起施行	5.1.6
1.3.4.2-5	隧道排水与洞外排水系统不完善，存在侵蚀软化隧道和明洞基础的现象	《公路隧道施工技术规范》(JTG F60—2009)	自2009年10月1日起施行	5.1.7
1.3.4.2-6	隧道施工未对地表沉降和拱顶下沉进行监控量测或量测频率不符合规范、设计要求	《公路隧道施工技术规范》(JTG F60—2009)	自2009年10月1日起施行	5.1.8
1.3.4.2-7	洞口永久性挡护工程地基承载力不满足设计要求	《公路隧道施工技术规范》(JTG F60—2009)	自2009年10月1日起施行	5.1.9
1.3.4.2-8	明洞边坡开挖未按设计采取岩土体加固措施	《公路隧道施工技术规范》(JTG F60—2009)	自2009年10月1日起施行	5.2.1
1.3.4.2-9	明洞边墙地基承载力不满足设计要求或边墙基础浇筑前基坑内有积水	《公路隧道施工技术规范》(JTG F60—2009)	自2009年10月1日起施行	5.2.3
1.3.4.2-10	明洞衬砌和暗洞衬砌连接不符合规范要求	《公路隧道施工技术规范》(JTG F60—2009)	自2009年10月1日起施行	5.2.4
1.3.4.2-11	明拱圈外膜拆除后，未及时做好防水层及纵向盲沟，存在排水不通畅的现象	《公路隧道施工技术规范》(JTG F60—2009)	自2009年10月1日起施行	5.2.5

续上表

条目代码	条 目 内 容	依 据	执 行 时 间	所在章节
1.3.4.2-12	明洞拱圈混凝土存在未达设计强度直接采用机械回填的现象	《公路隧道施工技术规范》(JTG F60—2009)	自2009年10月1日起施行	5.2.6
1.3.4.2-13	浅埋段存在采用全断面开挖法开挖、开挖后未及时进行初支的现象	《公路隧道施工技术规范》(JTG F60—2009)	自2009年10月1日起施行	5.3.1
1.3.4.2-14	洞门端墙、翼墙和挡土墙基坑开挖的基坑尺寸、基坑高程、基坑中心线到路线中心线距离等不符合规范或设计要求	《公路隧道施工技术规范》(JTG F60—2009)	自2009年10月1日起施行	5.4.1
1.3.4.2-15	洞门端墙、翼墙和挡土墙模板安装的基础边缘位置、基础顶面高程、边墙边缘位置等不符合规范或设计要求	《公路隧道施工技术规范》(JTG F60—2009)	自2009年10月1日起施行	5.4.2
1.3.4.2-16	混凝土洞门端墙、翼墙和挡土墙的强度、平面位置、断面尺寸等不符合规范或设计要求	《公路隧道施工技术规范》(JTG F60—2009)	自2009年10月1日起施行	5.4.3
1.3.4.2-17	砌体洞门端墙、翼墙和挡土墙的砂浆强度、平面位置、断面尺寸等不符合规范或设计要求	《公路隧道施工技术规范》(JTG F60—2009)	自2009年10月1日起施行	5.4.4
1.3.4.2-18	明洞的回填及防水层的卷材搭接长度、卷材向隧道延伸长度、回填层厚等不符合规范或设计要求	《公路隧道施工技术规范》(JTG F60—2009)	自2009年10月1日起施行	5.4.5
1.3.4.3	开挖			
1.3.4.3-1	隧道爆破未采用光面爆破技术	《公路隧道施工技术规范》(JTG F60—2009)	自2009年10月1日起施行	6.1.3
1.3.4.3-2	全断面法施工存在地下水出露、超前开挖导洞过长、无大型机械配套的现象	《公路隧道施工技术规范》(JTG F60—2009)	自2009年10月1日起施行	6.2.1
1.3.4.3-3	台阶法施工存在台阶长度过长、上台阶钢架下沉变形、下台阶开挖时上台阶混凝土强度不足等现象	《公路隧道施工技术规范》(JTG F60—2009)	自2009年10月1日起施行	6.2.2
1.3.4.3-4	环形开挖留核心土法施工存在开挖进尺过长、核心土面积过小、开挖后支护不及时等现象	《公路隧道施工技术规范》(JTG F60—2009)	自2009年10月1日起施行	6.2.3

续上表

条目代码	条 目 内 容	依 据	执 行 时 间	所在章节
1.3.4.3-5	中隔壁或交叉中隔壁法施工存在开挖周边轮廓不圆顺、左右两侧导坑开挖工作面的纵向间距过小、开挖后支护不及时等现象	《公路隧道施工技术规范》(JTG F60—2009)	自2009年10月1日起施行	6.2.4
1.3.4.3-6	双侧壁导坑法施工存在开挖后支护不及时、左右导坑施工前后拉开间距过小、导坑与中间土体同时施工时导坑超前距离不足等现象	《公路隧道施工技术规范》(JTG F60—2009)	自2009年10月1日起施行	6.2.5
1.3.4.3-7	仰拱部位开挖存在底面不圆顺、有渣物和积水的现象	《公路隧道施工技术规范》(JTG F60—2009)	自2009年10月1日起施行	6.2.6
1.3.4.3-8	拱脚、墙角以上1米范围内断面存在欠挖的现象	《公路隧道施工技术规范》(JTG F60—2009)	自2009年10月1日起施行	6.3.1
1.3.4.3-9	拱部、边墙、仰拱隧底超挖值不符合规范要求	《公路隧道施工技术规范》(JTG F60—2009)	自2009年10月1日起施行	6.3.2
1.3.4.3-10	隧道开挖轮廓未按设计要求预留变形量	《公路隧道施工技术规范》(JTG F60—2009)	自2009年10月1日起施行	6.3.3
1.3.4.3-11	隧道超挖部分未回填密实	《公路隧道施工技术规范》(JTG F60—2009)	自2009年10月1日起施行	6.3.4
1.3.4.3-12	爆破炮眼的深度、角度、间距偏差不符合专项方案的要求	《公路隧道施工技术规范》(JTG F60—2009)	自2009年10月1日起施行	6.4.4
1.3.4.3-13	存在装药前炮眼内有泥浆、石屑未清理干净,已装药炮眼未及时堵塞密封的现象	《公路隧道施工技术规范》(JTG F60—2009)	自2009年10月1日起施行	6.4.6
1.3.4.3-14	爆破作业存在与上一循环喷射混凝土时间间隔过短的现象	《公路隧道施工技术规范》(JTG F60—2009)	自2009年10月1日起施行	6.4.10
1.3.4.4	支护与衬砌			
1.3.4.4-1	隧道施工存在开挖后施工支护不及时的现象	《公路隧道施工技术规范》(JTG F60—2009)	自2009年10月1日起施行	8.1.1
1.3.4.4-2	隧道衬砌存在侵入隧道建筑限界的现象	《公路隧道施工技术规范》(JTG F60—2009)	自2009年10月1日起施行	8.1.2

续上表

条目代码	条目内容	依据	执行时间	所在章节
1.3.4.4-3	隧道支护与衬砌材料的标准、规格不符合规范或设计要求	《公路隧道施工技术规范》(JTG F60—2009)	自2009年10月1日起施行	8.1.3
1.3.4.4-4	隧道支护与衬砌施工存在未做好施工记录的现象	《公路隧道施工技术规范》(JTG F60—2009)	自2009年10月1日起施行	8.1.4
1.3.4.4-5	喷射混凝土存在干喷的现象	《公路隧道施工技术规范》(JTG F60—2009)	自2009年10月1日起施行	8.2.1
1.3.4.4-6	喷射混凝土配合比不能满足设计强度和喷洒工艺的要求	《公路隧道施工技术规范》(JTG F60—2009)	自2009年10月1日起施行	8.2.2
1.3.4.4-7	喷射混凝土作业存在后一层喷射在前一层混凝土终凝前进行、喷射混凝土回弹物重新作为喷射混凝土材料等现象	《公路隧道施工技术规范》(JTG F60—2009)	自2009年10月1日起施行	8.2.3
1.3.4.4-8	喷射混凝土存在未及时养护的现象	《公路隧道施工技术规范》(JTG F60—2009)	自2009年10月1日起施行	8.2.4
1.3.4.4-9	纤维喷射混凝土所用的材料不满足设计或规范要求	《公路隧道施工技术规范》(JTG F60—2009)	自2009年10月1日起施行	8.2.6
1.3.4.4-10	喷射混凝土作业存在施工作业台架不牢靠、喷嘴前站人、作业人员未佩戴防尘用品的现象	《公路隧道施工技术规范》(JTG F60—2009)	自2009年10月1日起施行	8.2.8
1.3.4.4-11	锚杆的类型、规格、技术性能等不满足设计或规范要求	《公路隧道施工技术规范》(JTG F60—2009)	自2009年10月1日起施行	8.3.1
1.3.4.4-12	锚杆钻孔的钻孔直径、钻孔深度、孔位偏差等不符合规范或设计要求	《公路隧道施工技术规范》(JTG F60—2009)	自2009年10月1日起施行	8.3.2
1.3.4.4-13	锚杆安装前存在锚杆规格型号不符、杆体锈蚀油污、孔内有积水及杂物等现象	《公路隧道施工技术规范》(JTG F60—2009)	自2009年10月1日起施行	8.3.3
1.3.4.4-14	普通水泥砂浆锚杆施工存在使用初凝的砂浆、灌浆不饱满、垫板与喷射混凝土接触不紧密等现象	《公路隧道施工技术规范》(JTG F60—2009)	自2009年10月1日起施行	8.3.4
1.3.4.4-15	中空注浆锚杆施工存在中空不通畅,未留排气孔	《公路隧道施工技术规范》(JTG F60—2009)	自2009年10月1日起施行	8.3.5

续上表

条目代码	条 目 内 容	依 据	执 行 时 间	所在章节
1.3.4.4-16	水泥砂浆药包锚杆施工存在药包受潮结块、药包破裂、砂浆不饱满的现象	《公路隧道施工技术规范》(JTG F60—2009)	自2009年10月1日起施行	8.3.6
1.3.4.4-17	支护钢筋网的钢筋存在弯曲、表面锈蚀油污的现象	《公路隧道施工技术规范》(JTG F60—2009)	自2009年10月1日起施行	8.4.1
1.3.4.4-18	支护钢筋网的搭接长度、连接固定、与受喷面间隙不符合规范要求	《公路隧道施工技术规范》(JTG F60—2009)	自2009年10月1日起施行	8.4.2
1.3.4.4-19	钢架的强度、刚度、材料规格等不符合规范或设计要求	《公路隧道施工技术规范》(JTG F60—2009)	自2009年10月1日起施行	8.5.2
1.3.4.4-20	钢架的加工尺寸、周边拼装偏差等不符合规范或设计要求	《公路隧道施工技术规范》(JTG F60—2009)	自2009年10月1日起施行	8.5.3
1.3.4.4-21	钢架安装施工存在拱脚基层不牢固、节段连接不紧密、钢架竖线倾斜等现象	《公路隧道施工技术规范》(JTG F60—2009)	自2009年10月1日起施行	8.5.4
1.3.4.4-22	钢架安装后存在钢架与围岩间有间隙、混凝土保护层厚度不足等现象	《公路隧道施工技术规范》(JTG F60—2009)	自2009年10月1日起施行	8.5.5
1.3.4.4-23	衬砌钢筋存在未调直、表面有油污铁锈等现象	《公路隧道施工技术规范》(JTG F60—2009)	自2009年10月1日起施行	8.6.1
1.3.4.4-24	衬砌钢筋安装存在钢筋节点漏焊漏绑、搭接长度不足、相邻主筋搭接位置错开距离不足等现象	《公路隧道施工技术规范》(JTG F60—2009)	自2009年10月1日起施行	8.6.2
1.3.4.4-25	衬砌安装钢筋的长度、间距、保护层厚度等不符合规范或设计要求	《公路隧道施工技术规范》(JTG F60—2009)	自2009年10月1日起施行	8.6.3
1.3.4.4-26	混凝土衬砌模板的强度、刚度、模板安装的断面等不符合规范要求	《公路隧道施工技术规范》(JTG F60—2009)	自2009年10月1日起施行	8.7.1
1.3.4.4-27	模筑混凝土衬砌水泥的安定性、强度、存放时间等不符合规范要求	《公路隧道施工技术规范》(JTG F60—2009)	自2009年10月1日起施行	8.7.2
1.3.4.4-28	模筑钢筋混凝土衬砌存在使用海砂的现象	《公路隧道施工技术规范》(JTG F60—2009)	自2009年10月1日起施行	8.7.4
1.3.4.4-29	模筑混凝土衬砌用水的pH值、不溶物含量、可溶物含量等不符合规范要求	《公路隧道施工技术规范》(JTG F60—2009)	自2009年10月1日起施行	8.7.6

续上表

条目代码	条 目 内 容	依 据	执 行 时 间	所在章节
1.3.4.4-30	模筑混凝土衬砌水泥的氯化物含量不符合规范要求	《公路隧道施工技术规范》(JTG F60—2009)	自2009年10月1日起施行	8.7.9
1.3.4.4-31	模筑混凝土衬砌水泥的总碱含量不符合规范要求	《公路隧道施工技术规范》(JTG F60—2009)	自2009年10月1日起施行	8.7.10
1.3.4.4-32	衬砌混凝土浇筑存在混凝土离析、振捣不密实、浇筑前基坑有积水杂物等现象	《公路隧道施工技术规范》(JTG F60—2009)	自2009年10月1日起施行	8.7.11
1.3.4.4-33	衬砌混凝土存在模板拆除时间过早的现象	《公路隧道施工技术规范》(JTG F60—2009)	自2009年10月1日起施行	8.7.12
1.3.4.4-34	仰拱混凝土施工存在混凝土振捣不密实、浇筑前有积水杂物、片石侵入仰拱断面等现象	《公路隧道施工技术规范》(JTG F60—2009)	自2009年10月1日起施行	8.8.1
1.3.4.4-35	底板施工存在积水杂物未清理干净、底板坡面不平顺等现象	《公路隧道施工技术规范》(JTG F60—2009)	自2009年10月1日起施行	8.8.2
1.3.4.4-36	仰拱填充片石混凝土存在片石与模板距离较小、片石距离过小、振捣不密实的现象	《公路隧道施工技术规范》(JTG F60—2009)	自2009年10月1日起施行	8.8.3
1.3.4.4-37	喷射混凝土的强度、喷射厚度、空洞检测等不符合规范或设计要求	《公路隧道施工技术规范》(JTG F60—2009)	自2009年10月1日起施行	8.9.1
1.3.4.4-38	锚杆支护施工的锚杆数量、锚拔力、孔位等不符合规范或设计要求	《公路隧道施工技术规范》(JTG F60—2009)	自2009年10月1日起施行	8.9.2
1.3.4.4-39	钢筋网支护的网格尺寸、保护层厚度、网的长宽等不符合规范或设计要求	《公路隧道施工技术规范》(JTG F60—2009)	自2009年10月1日起施行	8.9.3
1.3.4.4-40	钢架支护的安装间距、净保护层厚度、安装偏差等不符合规范或设计要求	《公路隧道施工技术规范》(JTG F60—2009)	自2009年10月1日起施行	8.9.4
1.3.4.4-41	模板安装的平面位置及高程、起拱线高程、拱顶高程等不符合规范或设计要求	《公路隧道施工技术规范》(JTG F60—2009)	自2009年10月1日起施行	8.9.5
1.3.4.4-42	混凝土衬砌施工的强度、边墙平整位置、拱部高程等不符合规范或设计要求	《公路隧道施工技术规范》(JTG F60—2009)	自2009年10月1日起施行	8.9.6
1.3.4.4-43	仰拱及底板施工的强度、仰拱底板厚度、保护层厚度等不符合规范或设计要求	《公路隧道施工技术规范》(JTG F60—2009)	自2009年10月1日起施行	8.9.7

续上表

条目代码	条目内容	依据	执行时间	所在章节
1.3.4.4-44	衬砌钢筋施工的主筋间距、两层钢筋间距、箍筋间距等不符合规范或设计要求	《公路隧道施工技术规范》(JTG F60—2009)	自2009年10月1日起施行	8.9.8
1.3.4.5	监控测量			
1.3.4.5-1	复合式衬砌和锚喷衬砌隧道开工前未制定施工全过程监控量测方案	《公路隧道施工技术规范》(JTG F60—2009)	自2009年10月1日起施行	10.1.1
1.3.4.5-2	复合式衬砌和锚喷衬砌隧道的洞内外观察、周边位移、拱顶下沉等量测布置点及间隔时间等不符合规范或设计要求	《公路隧道施工技术规范》(JTG F60—2009)	自2009年10月1日起施行	10.2.1
1.3.4.5-3	隧道现场监控选测项目的钢架内外力、围岩体内位移、围岩压力等量测布置点及间隔时间等不符合规范或设计要求	《公路隧道施工技术规范》(JTG F60—2009)	自2009年10月1日起施行	10.2.2
1.3.4.5-4	存在变形未稳定各项量测作业结束的现象	《公路隧道施工技术规范》(JTG F60—2009)	自2009年10月1日起施行	10.2.3
1.3.4.5-5	净空位移和拱顶下沉的量测频率不符合规范要求	《公路隧道施工技术规范》(JTG F60—2009)	自2009年10月1日起施行	10.2.4
1.3.4.6	防排水			
1.3.4.6-1	隧道的盲沟、排水沟等排水不通畅	《公路隧道施工技术规范》(JTG F60—2009)	自2009年10月1日起施行	11.1.2
1.3.4.6-2	防排水的材料无出厂合格证、不符合环保和设计要求	《公路隧道施工技术规范》(JTG F60—2009)	自2009年10月1日起施行	11.1.3
1.3.4.6-3	隧道覆盖层较薄和渗透性较强的地层存在地下水未及时排出的现象	《公路隧道施工技术规范》(JTG F60—2009)	自2009年10月1日起施行	11.2.2
1.3.4.6-4	洞内反坡排水未采用水泵抽水	《公路隧道施工技术规范》(JTG F60—2009)	自2009年10月1日起施行	11.2.4
1.3.4.6-5	洞内大面积渗漏水和股水未采取集中汇流引排	《公路隧道施工技术规范》(JTG F60—2009)	自2009年10月1日起施行	11.2.5
1.3.4.6-6	明挖基坑和隧道洞口、竖井处存在地下水位高的现象，未采取降水措施	《公路隧道施工技术规范》(JTG F60—2009)	自2009年10月1日起施行	11.2.6

续上表

条目代码	条目内容	依据	执行时间	所在章节
1.3.4.6-7	防水混凝土的抗渗等级及施工不符合规范或设计要求	《公路隧道施工技术规范》(JTG F60—2009)	自2009年10月1日起施行	11.3.1
1.3.4.6-8	防水混凝土的搅拌时间、搅拌机械不符合规范要求	《公路隧道施工技术规范》(JTG F60—2009)	自2009年10月1日起施行	11.3.3
1.3.4.6-9	防水混凝土浇筑存在振捣不密实的现象	《公路隧道施工技术规范》(JTG F60—2009)	自2009年10月1日起施行	11.3.4
1.3.4.6-10	中心排水沟的坡度、通水试验不符合规范要求	《公路隧道施工技术规范》(JTG F60—2009)	自2009年10月1日起施行	11.3.5
1.3.4.6-11	防水板铺设存在接头过多、搭接宽度不足、焊伤防水板等现象	《公路隧道施工技术规范》(JTG F60—2009)	自2009年10月1日起施行	11.3.6
1.3.4.6-12	施工缝施工存在拱圈留有纵向施工缝、施工缝距孔洞边缘距离过小、止水带固定不牢固等现象	《公路隧道施工技术规范》(JTG F60—2009)	自2009年10月1日起施行	11.3.7
1.3.4.6-13	变形缝嵌缝施工存在缝内两侧有杂物渗水、嵌缝不密实等现象	《公路隧道施工技术规范》(JTG F60—2009)	自2009年10月1日起施行	11.3.8
1.3.4.6-14	遇水膨胀止水条施工存在接头处留断点、搭接长度不足、振捣时振捣棒接触止水条等现象	《公路隧道施工技术规范》(JTG F60—2009)	自2009年10月1日起施行	11.3.9
1.3.4.6-15	止水条施工存在接头过多、橡胶止水带转角半径过小、止水带破裂等现象	《公路隧道施工技术规范》(JTG F60—2009)	自2009年10月1日起施行	11.3.10
1.3.4.6-16	注浆防水施工的注浆孔深、注浆顺序、注浆终压等不符合规范或设计要求	《公路隧道施工技术规范》(JTG F60—2009)	自2009年10月1日起施行	11.4.2
1.3.4.6-17	注浆防水施工存在围岩、支护结构变形量过大、堵塞排水系统、窜浆等现象	《公路隧道施工技术规范》(JTG F60—2009)	自2009年10月1日起施行	11.4.3
1.3.4.6-18	隧道排水施工存在拱部、边墙、路面渗水,洞内排水不通畅,车行道拱部滴水的现象	《公路隧道施工技术规范》(JTG F60—2009)	自2009年10月1日起施行	11.5.1
1.3.4.6-19	洞口排水沟的轴线偏位、沟底高程、壁厚等不符合规范或设计要求	《公路隧道施工技术规范》(JTG F60—2009)	自2009年10月1日起施行	11.5.2

续上表

条目代码	条目内容	依据	执行时间	所在章节
1.3.4.6-20	洞内排水沟的断面尺寸、高度、壁厚等不符合规范或设计要求	《公路隧道施工技术规范》(JTG F60—2009)	自2009年10月1日起施行	11.5.3
1.3.4.6-21	防水混凝土的抗压等级、抗渗等级等不符合规范或设计要求	《公路隧道施工技术规范》(JTG F60—2009)	自2009年10月1日起施行	11.5.4
1.3.4.6-22	检查井的断面尺寸、轴线偏位、井底高程等不符合规范或设计要求	《公路隧道施工技术规范》(JTG F60—2009)	自2009年10月1日起施行	11.5.6
1.3.4.6-23	防水板的搭接宽度、缝宽、固定点间距等不符合规范要求	《公路隧道施工技术规范》(JTG F60—2009)	自2009年10月1日起施行	11.5.7
1.3.4.6-24	止水带的材质、规格、纵向偏离等不符合规范或设计要求	《公路隧道施工技术规范》(JTG F60—2009)	自2009年10月1日起施行	11.5.8
1.3.4.7	防尘及风水电			
1.3.4.7-1	空气压缩机的防水、降温、防雷击等设施不符合规范要求	《公路隧道施工技术规范》(JTG F60—2009)	自2009年10月1日起施行	12.1.1
1.3.4.7-2	隧道掌子面的风压、高压风管的直径不符合规范要求	《公路隧道施工技术规范》(JTG F60—2009)	自2009年10月1日起施行	12.1.2
1.3.4.7-3	高压风、水管的安装存在与电缆电线敷设同一侧、总输出管上未设总闸阀、管上有裂纹凹陷等现象	《公路隧道施工技术规范》(JTG F60—2009)	自2009年10月1日起施行	12.1.3
1.3.4.7-4	非瓦斯隧道施工供电未采用“三相五线”系统	《公路隧道施工技术规范》(JTG F60—2009)	自2009年10月1日起施行	12.2.1
1.3.4.7-5	洞外变电站未设置防雷击和防风装置	《公路隧道施工技术规范》(JTG F60—2009)	自2009年10月1日起施行	12.2.3
1.3.4.7-6	洞内供电线路的布设和安装存在瓦斯地段输电线使用皮线、动力干线上的分线未设开关和保险装置、动力线上加挂照明设施等现象	《公路隧道施工技术规范》(JTG F60—2009)	自2009年10月1日起施行	12.2.4
1.3.4.7-7	洞内变电站设置存在变压器与周围洞壁距离过小、未设置灯光轮廓标等防护设施、使用跌落式熔断器等现象	《公路隧道施工技术规范》(JTG F60—2009)	自2009年10月1日起施行	12.2.5

续上表

条目代码	条目内容	依据	执行时间	所在章节
1.3.4.7-8	电气设备和输电线路未安排专人维修检查	《公路隧道施工技术规范》(JTG F60—2009)	自2009年10月1日起施行	12.2.6
1.3.4.7-9	隧道施工作业地段的照明设施不符合规范要求	《公路隧道施工技术规范》(JTG F60—2009)	自2009年10月1日起施行	12.2.7
1.3.4.7-10	漏水地段的照明未使用防水灯头灯罩、瓦斯地段照明未使用防爆灯头灯罩	《公路隧道施工技术规范》(JTG F60—2009)	自2009年10月1日起施行	12.2.8
1.3.4.7-11	隧道施工作业环境存在氧气含量不足、一氧化碳和二氧化硫等有毒物质及粉尘的浓度过大、噪声过大和气温过高等现象	《公路隧道施工技术规范》(JTG F60—2009)	自2009年10月1日起施行	13.0.1
1.3.4.7-12	瓦斯隧道施工的装药爆破时瓦斯浓度、开挖面瓦斯浓度不符合规范要求	《公路隧道施工技术规范》(JTG F60—2009)	自2009年10月1日起施行	13.0.2
1.3.4.7-13	隧道通风设施的通风量、风速等不符合规范要求	《公路隧道施工技术规范》(JTG F60—2009)	自2009年10月1日起施行	13.0.4
1.3.4.7-14	通风管的送风口距开挖面距离、吸风口距开挖面距离、通风管的平均漏风率等不符合规范要求	《公路隧道施工技术规范》(JTG F60—2009)	自2009年10月1日起施行	13.0.5
1.3.4.7-15	通风机的功率、风管直径等不符合规范要求	《公路隧道施工技术规范》(JTG F60—2009)	自2009年10月1日起施行	13.0.6
1.3.4.7-16	隧道施工存在未采取通风、洒水等防尘措施，未按规定时间测定粉尘和有害气体浓度，施工人员未佩戴防尘口罩等现象	《公路隧道施工技术规范》(JTG F60—2009)	自2009年10月1日起施行	13.0.8
1.3.4.7-17	洞内施工环境检查存在通风的风量、风速、风压、粉尘的浓度等不符合规范要求的现象	《公路隧道施工技术规范》(JTG F60—2009)	自2009年10月1日起施行	13.0.9
1.3.4.7-18	放射性地层隧道施工存在无关人员随意进入隧道、施工人员未佩戴防辐射衣具、施工污染物随意排放废弃等现象	《公路隧道施工技术规范》(JTG F60—2009)	自2009年10月1日起施行	13.0.10

续上表

条目代码	条目内容	依据	执行时间	所在章节
1.3.5	给排水工程			
1.3.5.1	基本要求			
1.3.5.1-1	给排水管道工程所用的原材料、半成品、成品等产品不符合设计要求	《给水排水管道工程施工及验收规范》(GB 50268—2008)	自2009年5月1日起施行	1.0.3
1.3.5.1-2	使用国家明令淘汰、禁用的产品	《给水排水管道工程施工及验收规范》(GB 50268—2008)	自2009年5月1日起施行	1.0.3
1.3.5.1-3	工程所用的管材、管道附件、构(配)件和主要原材料等产品无进场验收手续	《给水排水管道工程施工及验收规范》(GB 50268—2008)	自2009年5月1日起施行	3.1.9
1.3.5.1-4	进场验收未包括每批管材、构配件等产品的订购合同、质量合格证书和性能检验报告等	《给水排水管道工程施工及验收规范》(GB 50268—2008)	自2009年5月1日起施行	3.1.9
1.3.5.1-5	未按国家有关标准规定对进场管材、构配件等产品进行复验,或未验收合格即投入使用	《给水排水管道工程施工及验收规范》(GB 50268—2008)	自2009年5月1日起施行	3.1.9
1.3.5.1-6	未按要求对每个分项工程完成后进行检验,无检验数据	《给水排水管道工程施工及验收规范》(GB 50268—2008)	自2009年5月1日起施行	3.1.15
1.3.5.1-7	未对隐蔽分项工程进行隐蔽验收	《给水排水管道工程施工及验收规范》(GB 50268—2008)	自2009年5月1日起施行	3.1.15
1.3.5.1-8	未经检验或验收不合格即进行下道分项工程	《给水排水管道工程施工及验收规范》(GB 50268—2008)	自2009年5月1日起施行	3.1.15
1.3.5.1-9	隐蔽验收手续不完善,无验收文件	《给水排水管道工程施工及验收规范》(GB 50268—2008)	自2009年5月1日起施行	3.2.1-5
1.3.5.1-10	给排水管道安装完成后未按规范要求进行管道功能性试验	《给水排水管道工程施工及验收规范》(GB 50268—2008)	自2009年5月1日起施行	9.1.1
1.3.5.2	开挖与回填			
1.3.5.2-1	沟槽开挖不符合规范要求,存在槽底受水浸泡或局部扰动现象	《给水排水管道工程施工及验收规范》(GB 50268—2008)	自2009年5月1日起施行	4.3.7
1.3.5.2-2	沟槽开挖与支护无施工方案	《给水排水管道工程施工及验收规范》(GB 50268—2008)	自2009年5月1日起施行	4.3.1

续上表

条目代码	条目内容	依据	执行时间	所在章节
1.3.5.2-3	超过3m深基坑沟槽开挖无专项施工方案	《深圳市交通运输委员会危险性较大的分部分项工程安全管理实施细则》(深交〔2011〕320号)	自2011年4月9日起施行	第八条
1.3.5.2-4	未按专项施工方案进行深基坑沟槽开挖和支护	《深圳市交通运输委员会危险性较大的分部分项工程安全管理实施细则》(深交〔2011〕320号)	自2011年4月9日起施行	第八条
1.3.5.2-5	超过5m深基坑沟槽开挖专项施工方案未经专家论证	《深圳市交通运输委员会危险性较大的分部分项工程安全管理实施细则》(深交〔2011〕320号)	自2011年4月9日起施行	第十二条
1.3.5.2-6	超过5m深基坑沟槽开挖专项施工方案专家论证手续不完善	《深圳市交通运输委员会危险性较大的分部分项工程安全管理实施细则》(深交〔2011〕320号)	自2011年4月9日起施行	第十三条
1.3.5.2-7	沟槽开挖未按设计或方案要求进行支护	《给水排水管道工程施工及验收规范》(GB 50268—2008)	自2009年5月1日起施行	4.1.6
1.3.5.2-8	沟槽底部开挖宽度或放坡坡度不符合设计和规范要求	《给水排水管道工程施工及验收规范》(GB 50268—2008)	自2009年5月1日起施行	4.3.2
1.3.5.2-9	地基承载力不满足设计要求	《给水排水管道工程施工及验收规范》(GB 50268—2008)	自2009年5月1日起施行	4.6.1
1.3.5.2-10	基底未按设计要求进行换填;换填材料、换填厚度不符合设计或规范要求	《给水排水管道工程施工及验收规范》(GB 50268—2008)	自2009年5月1日起施行	4.4.4
1.3.5.2-11	管道回填时沟槽内有杂物或积水	《给水排水管道工程施工及验收规范》(GB 50268—2008)	自2009年5月1日起施行	4.5.2
1.3.5.2-12	管道回填材料不符合设计要求	《给水排水管道工程施工及验收规范》(GB 50268—2008)	自2009年5月1日起施行	4.5.4
1.3.5.2-13	管道回填土未按规范要求分层回填	《给水排水管道工程施工及验收规范》(GB 50268—2008)	自2009年5月1日起施行	4.5.5
1.3.5.2-14	管道未按两侧对称回填;管道两侧压实面高差超过300mm	《给水排水管道工程施工及验收规范》(GB 50268—2008)	自2009年5月1日起施行	4.5.10
1.3.5.2-15	给排水管道顶以上50cm范围内使用压路机进行压实	《城镇道路工程施工与质量验收规范》(CJJ 1—2008)	自2008年9月1日起施行	6.3.12
1.3.5.2-16	管道结构顶面至路床的覆土厚度不大于50cm时未对管道结构进行加固	《城镇道路工程施工与质量验收规范》(CJJ 1—2008)	自2008年9月1日起施行	6.3.12

续上表

条目代码	条目内容	依据	执行时间	所在章节
1.3.5.2-17	管道结构顶面至路床的覆土厚度在 50 ~ 80cm 时未对管道结构采取保护或加固措施	《城镇道路工程施工与质量验收规范》(CJJ 1—2008)	自 2008 年 9 月 1 日起施行	6.3.12
1.3.5.2-18	柔性管道沟槽回填从管底基础部位到管顶以上 500mm 范围内未采用人工回填	《给水排水管道工程施工及验收规范》(GB 50268—2008)	自 2009 年 5 月 1 日起施行	4.5.11
1.3.5.2-19	安装管材出现开裂、破损、锈蚀或变质	《给水排水管道工程施工及验收规范》(GB 50268—2008)	自 2009 年 5 月 1 日起施行	3.1.11
1.3.5.2-20	管道基底或回填材料压实度不满足设计要求	《给水排水管道工程施工及验收规范》(GB 50268—2008)	自 2009 年 5 月 1 日起施行	4.6.3
1.3.5.2-21	钢管焊缝无损检测不合格	《给水排水管道工程施工及验收规范》(GB 50268—2008)	自 2009 年 5 月 1 日起施行	5.3.2
1.3.5.2-22	管道接口不符合设计和规范的要求,存在开裂、空鼓、脱落现象	《给水排水管道工程施工及验收规范》(GB 50268—2008)	自 2009 年 5 月 1 日起施行	5.10.7
1.3.5.2-23	管道刚性接口混凝土或砂浆强度等级不满足设计要求	《给水排水管道工程施工及验收规范》(GB 50268—2008)	自 2009 年 5 月 1 日起施行	5.10.7
1.3.5.2-24	管道铺设安装不稳固,线形不平直	《给水排水管道工程施工及验收规范》(GB 50268—2008)	自 2009 年 5 月 1 日起施行	5.10.9
1.3.5.2-25	管道与井室洞口之间存在渗漏水现象	《给水排水管道工程施工及验收规范》(GB 50268—2008)	自 2009 年 5 月 1 日起施行	5.10.9
1.3.5.2-26	无压管道未进行功能性试验即已进行隐蔽回填	《给水排水管道工程施工及验收规范》(GB 50268—2008)	自 2009 年 5 月 1 日起施行	9.3.3
1.3.5.3	顶管作业			
1.3.5.3-1	顶管作业未编制施工方案或方案内容不完善	《给水排水管道工程施工及验收规范》(GB 50268—2008)	自 2009 年 5 月 1 日起施行	6.1.3
1.3.5.3-2	顶管施工方案审批手续不完善	《给水排水管道工程施工及验收规范》(GB 50268—2008)	自 2009 年 5 月 1 日起施行	6.1.3
1.3.5.3-3	工作井结构强度、刚度或尺寸不满足设计或规范要求	《给水排水管道工程施工及验收规范》(GB 50268—2008)	自 2009 年 5 月 1 日起施行	6.7.2

续上表

条目代码	条目内容	依据	执行时间	所在章节
1.3.5.4	井室			
1.3.5.4-1	管道穿过井壁连接时水泥砂浆不饱满、不密实	《给水排水管道工程施工及验收规范》(GB 50268—2008)	自2009年5月1日起施行	8.2.2
1.3.5.4-2	管道穿过井壁连接工艺不符合设计要求	《给水排水管道工程施工及验收规范》(GB 50268—2008)	自2009年5月1日起施行	8.2.2
1.3.5.4-3	砌筑结构的井室砌筑前砌块未充分湿润	《给水排水管道工程施工及验收规范》(GB 50268—2008)	自2009年5月1日起施行	8.2.3
1.3.5.4-4	砌块砌筑时,铺浆不饱满,灰浆与砌块四周黏结不紧密,漏浆,上下砌块未错缝砌筑	《给水排水管道工程施工及验收规范》(GB 50268—2008)	自2009年5月1日起施行	8.2.3
1.3.5.4-5	井室砌筑或现浇时未同步安装踏步	《给水排水管道工程施工及验收规范》(GB 50268—2008)	自2009年5月1日起施行	8.2.3
1.3.5.4-6	井室内踏步位置不正确、不牢固	《给水排水管道工程施工及验收规范》(GB 50268—2008)	自2009年5月1日起施行	8.5.1
1.3.5.4-7	井室内外井壁未采用水泥砂浆进行勾缝	《给水排水管道工程施工及验收规范》(GB 50268—2008)	自2009年5月1日起施行	8.2.3
1.3.5.4-8	井室井壁未按设计要求进行抹面	《给水排水管道工程施工及验收规范》(GB 50268—2008)	自2009年5月1日起施行	8.2.3
1.3.5.4-9	井室井壁抹面不够密实平整,有空鼓、裂缝等现象	《给水排水管道工程施工及验收规范》(GB 50268—2008)	自2009年5月1日起施行	8.5.1
1.3.5.4-10	预制装配式结构井室装配位置或尺寸不正确,安装不牢固	《给水排水管道工程施工及验收规范》(GB 50268—2008)	自2009年5月1日起施行	8.2.4
1.3.5.4-11	预制装配式结构井室企口坐浆与竖缝灌浆不饱满,接缝开裂	《给水排水管道工程施工及验收规范》(GB 50268—2008)	自2009年5月1日起施行	8.2.4
1.3.5.4-12	现浇钢筋混凝土结构井室无工序验收手续	《给水排水管道工程施工及验收规范》(GB 50268—2008)	自2009年5月1日起施行	8.2.5
1.3.5.4-13	预制装配式结构井室接缝砂浆无养护或现浇混凝土井室无养护	《给水排水管道工程施工及验收规范》(GB 50268—2008)	自2009年5月1日起施行	8.2.5

续上表

条目代码	条目内容	依据	执行时间	所在章节
1.3.5.4-14	井室的混凝土或砂浆强度等级不满足设计要求	《给水排水管道工程施工及验收规范》(GB 50268—2008)	自2009年5月1日起施行	8.5.1
1.3.5.4-15	井室井盖规格不符合设计要求,安装不稳固	《给水排水管道工程施工及验收规范》(GB 50268—2008)	自2009年5月1日起施行	8.5.1
1.3.5.4-16	井室出现渗水、水珠现象	《给水排水管道工程施工及验收规范》(GB 50268—2008)	自2009年5月1日起施行	8.5.1
1.3.5.4-17	检查井内流槽表面不平顺、不圆滑、不光洁,与上下游管道连接不顺滑	《给水排水管道工程施工及验收规范》(GB 50268—2008)	自2009年5月1日起施行	8.2.8
1.3.5.5	雨水口			
1.3.5.5-1	雨水口位置及深度与设计不符	《给水排水管道工程施工及验收规范》(GB 50268—2008)	自2009年5月1日起施行	8.4.1
1.3.5.5-2	雨水口位置设置不合理,周边路面存在积水现象	《城镇道路工程施工与质量验收规范》(CJJ 1—2008)	自2008年9月1日起施行	16.2.2
1.3.5.5-3	雨水支管、雨水口基底不坚实	《城镇道路工程施工与质量验收规范》(CJJ 1—2008)	自2008年9月1日起施行	16.2.3
1.3.5.5-4	雨水口管道端面在雨水口内露出长度大于20mm,管端面不完整、有破损	《给水排水管道工程施工及验收规范》(GB 50268—2008)	自2009年5月1日起施行	8.4.3
1.3.5.5-5	雨水口砌筑灰浆不饱满,未勾缝,未抹面	《给水排水管道工程施工及验收规范》(GB 50268—2008)	自2009年5月1日起施行	8.4.3
1.3.5.5-6	预制雨水口安装不牢固,位置不平正	《给水排水管道工程施工及验收规范》(GB 50268—2008)	自2009年5月1日起施行	8.4.4
1.3.5.5-7	雨水井井框、井箅缺损、安装不平稳、不牢固	《给水排水管道工程施工及验收规范》(GB 50268—2008)	自2009年5月1日起施行	8.4.7
1.3.6	边坡工程			
1.3.6.1	基本要求			
1.3.6.1-1	岩质边坡高度超过30m以上、土质边坡高度15m以上的建筑边坡工程和岩石基坑边坡工程未进行专门论证	《建筑边坡工程技术规范》(GB 50330—2013)	自2014年6月1日起施行	3.1.12

续上表

条目代码	条目内容	依据	执行时间	所在章节
1.3.6.1-2	地质和环境条件复杂、稳定性极差的一级边坡工程未进行专门论证	《建筑边坡工程技术规范》(GB 50330—2013)	自2014年6月1日起施行	3.1.12
1.3.6.1-3	边坡塌滑区有重要建(构)筑物、稳定性较差的边坡未进行专门论证	《建筑边坡工程技术规范》(GB 50330—2013)	自2014年6月1日起施行	3.1.12
1.3.6.1-4	采用新结构、新技术的一、二级边坡工程未进行专门论证	《建筑边坡工程技术规范》(GB 50330—2013)	自2014年6月1日起施行	3.1.12
1.3.6.1-5	边坡工程未根据工程地质和支护结构类型等条件编制施工方案	《建筑边坡工程技术规范》(GB 50330—2013)	自2014年6月1日起施行	18.1.1
1.3.6.1-6	边坡工程施工方案审批手续不完善	《建筑边坡工程技术规范》(GB 50330—2013)	自2014年6月1日起施行	18.1.1
1.3.6.1-7	边坡工程开挖后未及时按设计实施支护结构施工或采取封闭措施	《建筑边坡工程技术规范》(GB 50330—2013)	自2014年6月1日起施行	18.1.5
1.3.6.1-8	挖方边坡施工开挖未自上而下有序进行,未保持两侧边坡的稳定	《建筑边坡工程技术规范》(GB 50330—2013)	自2014年6月1日起施行	14.4.1
1.3.6.1-9	挖方边坡弃土、弃渣的堆填导致边坡出现附加变形或破坏现象	《建筑边坡工程技术规范》(GB 50330—2013)	自2014年6月1日起施行	14.4.1
1.3.6.1-10	填方边坡施工未自下而上分层进行	《建筑边坡工程技术规范》(GB 50330—2013)	自2014年6月1日起施行	14.4.2
1.3.6.1-11	边坡工程在雨季施工时未做好水的排导和防护工作	《建筑边坡工程技术规范》(GB 50330—2013)	自2014年6月1日起施行	14.4.3
1.3.6.1-12	挡土墙基础地基承载力不满足设计要求	《城镇道路工程施工与质量验收规范》(CJJ 1—2008)	自2008年9月1日起施行	15.1.1
1.3.6.1-13	挡土墙基础地基承载力未经检测合格即进行后续工序施工	《城镇道路工程施工与质量验收规范》(CJJ 1—2008)	自2008年9月1日起施行	15.1.1
1.3.6.1-14	未按设计规定施作挡土墙的排水系统、泄水孔、反滤层和结构变形缝	《城镇道路工程施工与质量验收规范》(CJJ 1—2008)	自2008年9月1日起施行	15.1.2
1.3.6.1-15	墙背填土未采用透水性材料或设计规定的填料	《城镇道路工程施工与质量验收规范》(CJJ 1—2008)	自2008年9月1日起施行	15.1.4

续上表

条目代码	条目内容	依据	执行时间	所在章节
1.3.6.1-16	挡土墙顶设帽石的,帽石安装不平顺、坐浆不饱满、缝隙不均匀	《城镇道路工程施工与质量验收规范》(CJJ 1—2008)	自2008年9月1日起施行	15.1.5
1.3.6.1-17	顶部设置栏杆和防撞、隔离设施线型不流畅、不平顺,伸缩缝未全部贯通,未与墙体伸缩缝相对应	《城市桥梁工程施工与质量验收规范》(CJJ 2—2008)	自2009年7月1日起施行	20.6.1
1.3.6.1-18	顶部预制混凝土栏杆采用榫槽连接时未在安装就位后采用硬塞块固定,灌浆固结	《城市桥梁工程施工与质量验收规范》(CJJ 2—2008)	自2009年7月1日起施行	20.6.3
1.3.6.1-19	顶部金属护栏焊接不够牢固,毛刺未打磨平整,未及时进行除锈防腐	《城市桥梁工程施工与质量验收规范》(CJJ 2—2008)	自2009年7月1日起施行	20.6.3
1.3.6.2	混凝土挡墙			
1.3.6.2-1	模板的制作、安装与拆除不符合设计和规范要求	《城镇道路工程施工与质量验收规范》(CJJ 1—2008)	自2008年9月1日起施行	14.2.3
1.3.6.2-2	钢筋品种和规格、加工、成型与安装不符合设计和规范要求	《城镇道路工程施工与质量验收规范》(CJJ 1—2008)	自2008年9月1日起施行	14.2.4
1.3.6.2-3	混凝土砂石、水泥原材料物理性能不符合规范要求	《城镇道路工程施工与质量验收规范》(CJJ 1—2008)	自2008年9月1日起施行	14.2.5
1.3.6.2-4	现浇挡土墙混凝土强度不满足设计要求	《城镇道路工程施工与质量验收规范》(CJJ 1—2008)	自2008年9月1日起施行	15.6.1
1.3.6.2-5	混凝土表面不光洁、平整、密实,有蜂窝、麻面、露筋现象,泄水孔不通畅	《城镇道路工程施工与质量验收规范》(CJJ 1—2008)	自2008年9月1日起施行	15.6.1
1.3.6.2-6	(格构式)现浇混凝土挡土墙偏差不符合规范要求	《城镇道路工程施工与质量验收规范》(CJJ 1—2008)	自2008年9月1日起施行	15.6.1
1.3.6.2-7	预制板墙与基础及安装偏差不符合规范要求	《城镇道路工程施工与质量验收规范》(CJJ 1—2008)	自2008年9月1日起施行	15.6.2
1.3.6.2-8	装配式钢筋混凝土挡土墙预制墙板的拼缝未与基础变形缝吻合	《城镇道路工程施工与质量验收规范》(CJJ 1—2008)	自2008年9月1日起施行	15.3.2

续上表

条目代码	条 目 内 容	依 据	执 行 时 间	所在章节
1.3.6.2-9	预制板墙与基础采用焊接连接,板墙安装定位后,未及时焊接牢固,未对焊缝进行防腐处理,或焊缝存在质量缺陷	《城镇道路工程施工与质量验收规范》(CJJ 1—2008)	自2008年9月1日起施行	15.3.2
1.3.6.2-10	预制挡土墙板安装板缝不均匀、灌缝不密实,泄水孔不通畅	《城镇道路工程施工与质量验收规范》(CJJ 1—2008)	自2008年9月1日起施行	15.6.2
1.3.6.2-11	锚杆施工锚孔偏斜度大于2%	《建筑边坡工程技术规范》(GB 50330—2013)	自2014年6月1日起施行	8.5.2
1.3.6.2-12	锚杆钻孔深度超过锚杆设计长度小于0.5m	《建筑边坡工程技术规范》(GB 50330—2013)	自2014年6月1日起施行	8.5.2
1.3.6.2-13	锚杆原材料的品种、规格型号不符合设计要求	《建筑边坡工程技术规范》(GB 50330—2013)	自2014年6月1日起施行	8.5.1
1.3.6.2-14	锚杆原材料检验不合格	《建筑边坡工程技术规范》(GB 50330—2013)	自2014年6月1日起施行	8.5.1
1.3.6.2-15	锚杆灌浆前未清孔,未排放孔内积水	《建筑边坡工程技术规范》(GB 50330—2013)	自2014年6月1日起施行	8.5.4
1.3.6.2-16	锚杆注浆浆体强度不满足设计要求	《建筑边坡工程技术规范》(GB 50330—2013)	自2014年6月1日起施行	8.5.4
1.3.6.2-17	预应力锚杆锚头承压板安装不平整、不牢固,承压板底部的混凝土填充不密实	《建筑边坡工程技术规范》(GB 50330—2013)	自2014年6月1日起施行	8.5.5
1.3.6.2-18	锚杆轴向拉力不满足设计要求	《建筑边坡工程技术规范》(GB 50330—2013)	自2014年6月1日起施行	8.5.5
1.3.6.3	砌体挡墙			
1.3.6.3-1	重力式浆砌挡墙块石、条石表面未清洗干净,砂浆填塞不饱满或干砌、无砂浆	《建筑边坡工程技术规范》(GB 50330—2013)	自2014年6月1日起施行	11.4.1
1.3.6.3-2	重力式挡墙未分层错缝砌筑,墙体砌筑时存在垂直通缝,外露面未进行砂浆勾缝	《建筑边坡工程技术规范》(GB 50330—2013)	自2014年6月1日起施行	11.4.2
1.3.6.3-3	重力式挡墙墙后填土未分层夯实,回填土密实度不满足设计要求	《建筑边坡工程技术规范》(GB 50330—2013)	自2014年6月1日起施行	11.4.3

续上表

条目代码	条目内容	依据	执行时间	所在章节
1.3.6.3-4	重力式挡墙基坑存在积水，开挖后未及时进行基础施工	《建筑边坡工程技术规范》(GB 50330—2013)	自2014年6月1日起施行	11.4.5
1.3.6.3-5	重力式抗滑挡墙未分段、跳槽施工	《建筑边坡工程技术规范》(GB 50330—2013)	自2014年6月1日起施行	11.4.6
1.3.6.3-6	砌块、石料强度不符合设计要求	《城镇道路工程施工与质量验收规范》(CJJ 1—2008)	自2008年9月1日起施行	15.6.3
1.3.6.3-7	砌筑砂浆强度不符合设计要求	《城镇道路工程施工与质量验收规范》(CJJ 1—2008)	自2008年9月1日起施行	15.6.3
1.3.6.3-8	砌体挡土墙不牢固，外形不美观，勾缝不密实、均匀，泄水孔不通畅	《城镇道路工程施工与质量验收规范》(CJJ 1—2008)	自2008年9月1日起施行	15.6.3
1.3.6.3-9	砌筑挡土墙偏差不符合规范要求	《城镇道路工程施工与质量验收规范》(CJJ 1—2008)	自2008年9月1日起施行	15.6.3
1.3.6.4	坡面防护			
1.3.6.4-1	挖方边坡防护工程未采用逆作法施工，未开挖一级防护一级	《建筑边坡工程技术规范》(GB 50330—2013)	自2014年6月1日起施行	15.4.1
1.3.6.4-2	坡面防护施工前未对边坡进行修整，未清除边坡上的危石及不密实的松土	《建筑边坡工程技术规范》(GB 50330—2013)	自2014年6月1日起施行	15.4.1
1.3.6.4-3	坡面防护层未与坡面密贴结合，留有空隙	《建筑边坡工程技术规范》(GB 50330—2013)	自2014年6月1日起施行	15.4.1
1.3.6.5	监测			
1.3.6.5-1	边坡塌滑区有重要建(构)筑物的一级边坡工程施工时未对坡顶水平位移、垂直位移、地表裂缝和坡顶建(构)筑物变形进行监测	《建筑边坡工程技术规范》(GB 50330—2013)	自2014年6月1日起施行	19.1.1
1.3.6.5-2	边坡工程监测不符合规范要求	《建筑边坡工程技术规范》(GB 50330—2013)	自2014年6月1日起施行	19.1.4
1.3.6.5-3	边坡支护结构的原材料质量不满足设计和规范要求	《建筑边坡工程技术规范》(GB 50330—2013)	自2014年6月1日起施行	19.2.1

续上表

条目代码	条目内容	依据	执行时间	所在章节
1.3.6.5-4	水泥混凝土强度或喷射混凝土护壁厚度、强度不满足设计要求	《建筑边坡工程技术规范》(GB 50330—2013)	自2014年6月1日起施行	19.2.5
1.3.7	基坑工程			
1.3.7.1	基坑开挖			
1.3.7.1-1	开挖深度超过3m(含3m)或虽未超过3m但地质条件和周边环境复杂的基坑(槽)支护、降水工程未编制专项施工方案	关于印发《危险性较大的分部分项工程安全管理办法》的通知(建质〔2009〕87号)	自2009年5月13日起施行	附件一
1.3.7.1-2	开挖深度超过5m(含5m)的基坑(槽)的土方开挖、支护、降水工程未编制专项施工方案;或方案未经5名专家论证	关于印发《危险性较大的分部分项工程安全管理办法》的通知(建质〔2009〕87号)	自2009年5月13日起施行	附件一
1.3.7.1-3	开挖深度虽未超过5m,但地质条件、周围环境和地下管线复杂,或影响毗邻建筑(构筑)物安全的基坑(槽)的土方开挖、支护、降水工程未编制专项施工方案;或方案未经5名专家论证	关于印发《危险性较大的分部分项工程安全管理办法》的通知(建质287号)	自2009年5月13日起施行	附件一
1.3.7.1-4	基坑开挖专项施工方案审批手续不完善	关于印发《危险性较大的分部分项工程安全管理办法》的通知(建质〔2009〕87号)	自2009年5月13日起施行	附件一
1.3.7.1-5	基坑支护结构构件强度未达到开挖阶段设计强度即进行基坑开挖	《建筑基坑支护技术规程》(JGJ 120—2012)	自2012年10月1日起施行	8.1.1
1.3.7.1-6	预应力锚杆支护结构,未在影响区域锚杆全部施加预应力后再进行基坑开挖	《建筑基坑支护技术规程》(JGJ 120—2012)	自2012年10月1日起施行	8.1.1
1.3.7.1-7	土钉墙在土钉、喷射混凝土面层养护时间小于2d的情况下进行基坑开挖	《建筑基坑支护技术规程》(JGJ 120—2012)	自2012年10月1日起施行	8.1.1
1.3.7.1-8	未按支护结构设计规定的施工顺序和开挖深度分层开挖	《建筑基坑支护技术规程》(JGJ 120—2012)	自2012年10月1日起施行	8.1.1
1.3.7.1-9	基坑开挖过程中,挖土机械碰撞或损害锚杆、腰梁、土钉墙面、内支撑及其连接件等构件,损害已施工的基础桩	《建筑基坑支护技术规程》(JGJ 120—2012)	自2012年10月1日起施行	8.1.1

续上表

条目代码	条目内容	依据	执行时间	所在章节
1.3.7.1-10	开挖地下水位以下的基坑土方未提前采取降水措施	《建筑基坑支护技术规程》(JGJ 120—2012)	自2012年10月1日起施行	8.1.1
1.3.7.1-11	开挖土层性状或地下水情况与设计依据的勘察资料明显不符,或出现异常现象、不明物体时,未停止开挖作业	《建筑基坑支护技术规程》(JGJ 120—2012)	自2012年10月1日起施行	8.1.1
1.3.7.1-12	基坑挖至坑底时过度扰动基底持力土层	《建筑基坑支护技术规程》(JGJ 120—2012)	自2012年10月1日起施行	8.1.1
1.3.7.1-13	软土基坑开挖时未按分层、分段、对称、均衡、适时的原则开挖	《建筑基坑支护技术规程》(JGJ 120—2012)	自2012年10月1日起施行	8.1.2
1.3.7.1-14	采用内支撑的支护结构开挖到支撑作业面后,未及时进行支撑	《建筑基坑支护技术规程》(JGJ 120—2012)	自2012年10月1日起施行	8.1.2
1.3.7.1-15	当基坑开挖面上方的锚杆、土钉、支撑未达到设计要求时,继续向下超挖土方	《建筑基坑支护技术规程》(JGJ 120—2012)	自2012年10月1日起施行	8.1.3
1.3.7.1-16	采用锚杆或支撑的支护结构在未达到设计规定的拆除条件时,拆除锚杆或支撑	《建筑基坑支护技术规程》(JGJ 120—2012)	自2012年10月1日起施行	8.1.4
1.3.7.1-17	基坑周边施工材料、设施或车辆荷载超过设计要求的地面荷载限值	《建筑基坑支护技术规程》(JGJ 120—2012)	自2012年10月1日起施行	8.1.5
1.3.7.1-18	基坑开挖和支护结构使用期内,未按规范要求对基坑进行维护	《建筑基坑支护技术规程》(JGJ 120—2012)	自2012年10月1日起施行	8.1.6
1.3.7.2	基坑监测			
1.3.7.2-1	开挖深度大于等于5m或开挖深度小于5m但现场地质情况和周围环境较复杂的基坑工程以及其他需要检测的基坑工程未实施基坑工程监测	《建筑基坑工程监测技术规范》(GB 50497—2009)	自2009年9月1日起施行	3.0.1
1.3.7.2-2	基坑监测点位及数量未按设计、规范或方案要求进行布设	《建筑基坑工程监测技术规范》(GB 50497—2009)	自2009年9月1日起施行	5.1-5.3
1.3.7.2-3	基坑监测内容不满足设计、规范或方案要求进行布设	《建筑基坑工程监测技术规范》(GB 50497—2009)	自2009年9月1日起施行	5.1-5.3

续上表

条目代码	条目内容	依据	执行时间	所在章节
1.3.7.2-4	安全等级为一级、二级的支护结构,在基坑开挖过程与支护结构使用期内,未进行支护结构的水平位移监测和基坑开挖影响范围内建(构)筑物、地面的沉降监测	《建筑基坑支护技术规程》(JGJ 120—2012)	自2012年10月1日起施行	8.2.2
1.3.7.2-5	基坑周边建筑物沉降监测点未设置在建筑物的结构墙、柱上,未分别沿平行、垂直于坑边的方向上布设	《建筑基坑支护技术规程》(JGJ 120—2012)	自2012年10月1日起施行	8.2.4
1.3.7.2-6	基坑监测频率不满足设计或方案要求	《建筑基坑支护技术规程》(JGJ 120—2012)	自2012年10月1日起施行	8.2
1.3.7.2-7	支护结构顶部水平位移监测在基坑向下开挖期间,监测少于每天一次	《建筑基坑支护技术规程》(JGJ 120—2012)	自2012年10月1日起施行	8.2.19
1.3.7.2-8	支护结构顶部水平位移的监测未在基坑开挖停止后连续三天的监测数据值稳定后再停止监测	《建筑基坑支护技术规程》(JGJ 120—2012)	自2012年10月1日起施行	8.2.19
1.3.7.2-9	监测数据达到报警值时未提高监测频率	《建筑基坑工程监测技术规范》(GB 50497—2009)	自2009年9月1日起施行	7.0.4
1.3.7.2-10	监测数据变化较大或者速率加快时未提高监测频率	《建筑基坑工程监测技术规范》(GB 50497—2009)	自2009年9月1日起施行	7.0.4
1.3.7.2-11	存在勘察未发现的不良地质时未提高监测频率	《建筑基坑工程监测技术规范》(GB 50497—2009)	自2009年9月1日起施行	7.0.4
1.3.7.2-12	超深、超长开挖或未及时加撑等违反设计工况施工时未提高监测频率	《建筑基坑工程监测技术规范》(GB 50497—2009)	自2009年9月1日起施行	7.0.4
1.3.7.2-13	基坑及周边大量积水、长时间连续降雨、市政管道出现泄漏时未提高监测频率	《建筑基坑工程监测技术规范》(GB 50497—2009)	自2009年9月1日起施行	7.0.4
1.3.7.2-14	基坑附近地面荷载突然增大或超过设计限值时未提高监测频率	《建筑基坑工程监测技术规范》(GB 50497—2009)	自2009年9月1日起施行	7.0.4
1.3.7.2-15	支护结构出现开裂时未提高监测频率	《建筑基坑工程监测技术规范》(GB 50497—2009)	自2009年9月1日起施行	7.0.4

续上表

条目代码	条 目 内 容	依 据	执 行 时 间	所在章节
1.3.7.2-16	周边地面突发较大沉降或出现严重开裂时未提高监测频率	《建筑基坑工程监测技术规范》(GB 50497—2009)	自2009年9月1日起施行	7.0.4
1.3.7.2-17	基坑底部、侧壁出现管涌、渗漏或流沙等现象时未提高监测频率	《建筑基坑工程监测技术规范》(GB 50497—2009)	自2009年9月1日起施行	7.0.4
1.3.7.2-18	出现规范规定危险报警情况时未立即进行危险报警	《建筑基坑工程监测技术规范》(GB 50497—2009)	自2009年9月1日起施行	8.0.7
1.3.7.2-19	基坑监测数据、现场巡查结果未及时整理和反馈	《建筑基坑支护技术规程》(JGJ 120—2012)	自2012年10月1日起施行	8.2.23
1.3.8	涵洞工程			
1.3.8.1	基本规定			
1.3.8.1-1	给排水管道工程所用的原材料、半成品、成品等产品不符合设计要求	《给水排水管道工程施工及验收规范》(GB 50268—2008)	自2009年5月1日起施行	1.0.3
1.3.8.1-2	使用国家明令淘汰、禁用的产品	《给水排水管道工程施工及验收规范》(GB 50268—2008)	自2009年5月1日起施行	1.0.3
1.3.8.1-3	工程所用的管材、管道附件、构(配)件和主要原材料等产品无进场验收手续	《给水排水管道工程施工及验收规范》(GB 50268—2008)	自2009年5月1日起施行	3.1.9
1.3.8.1-4	进场验收未包括每批管材、构配件等产品的订购合同、质量合格证书和性能检验报告等	《给水排水管道工程施工及验收规范》(GB 50268—2008)	自2009年5月1日起施行	3.1.9
1.3.8.1-5	未按国家有关标准规定对进场管材、构配件等产品进行复验或未验收合格即投入使用	《给水排水管道工程施工及验收规范》(GB 50268—2008)	自2009年5月1日起施行	3.1.9
1.3.8.1-6	未按要求在每个分项工程完成后进行检验,无检验数据	《给水排水管道工程施工及验收规范》(GB 50268—2008)	自2009年5月1日起施行	3.1.15
1.3.8.1-7	未对隐蔽分项工程进行隐蔽验收	《给水排水管道工程施工及验收规范》(GB 50268—2008)	自2009年5月1日起施行	3.1.15
1.3.8.1-8	未经检验或验收不合格即进行下道分项工程	《给水排水管道工程施工及验收规范》(GB 50268—2008)	自2009年5月1日起施行	3.1.15
1.3.8.1-9	隐蔽验收手续不完善,无验收文件	《给水排水管道工程施工及验收规范》(GB 50268—2008)	自2009年5月1日起施行	3.2.1-5

续上表

条目代码	条 目 内 容	依 据	执 行 时 间	所在章节
1.3.8.2	开挖与回填			
1.3.8.2-1	沟槽开挖不符合规范要求，存在槽底受水浸泡或局部扰动现象	《给水排水管道工程施工及验收规范》(GB 50268—2008)	自2009年5月1日起施行	4.3.7
1.3.8.2-2	沟槽开挖与支护无施工方案	《给水排水管道工程施工及验收规范》(GB 50268—2008)	自2009年5月1日起施行	4.3.1
1.3.8.2-3	超过3m深基坑沟槽开挖无专项施工方案	《深圳市交通运输委员会危险性较大的分部分项工程安全管理实施细则》(深交〔2011〕320号)	自2011年4月9日起施行	第八条
1.3.8.2-4	未按专项施工方案进行深基坑沟槽开挖和支护	《深圳市交通运输委员会危险性较大的分部分项工程安全管理实施细则》(深交〔2011〕320号)	自2011年4月9日起施行	第八条
1.3.8.2-5	超过5m深基坑沟槽开挖专项施工方案无专家论证	《深圳市交通运输委员会危险性较大的分部分项工程安全管理实施细则》(深交〔2011〕320号)	自2011年4月9日起施行	第十二条
1.3.8.2-6	超过5m深基坑沟槽开挖专项施工方案专家论证手续不完善	《深圳市交通运输委员会危险性较大的分部分项工程安全管理实施细则》(深交〔2011〕320号)	自2011年4月9日起施行	第十三条
1.3.8.2-7	沟槽开挖未按设计或方案要求进行支护	《给水排水管道工程施工及验收规范》(GB 50268—2008)	自2009年5月1日起施行	4.1.6
1.3.8.2-8	沟槽基底宽度或放坡坡度不符合设计和规范要求	《给水排水管道工程施工及验收规范》(GB 50268—2008)	自2009年5月1日起施行	4.3.2
1.3.8.2-9	地基承载力不满足设计要求	《给水排水管道工程施工及验收规范》(GB 50268—2008)	自2009年5月1日起施行	4.6.1
1.3.8.2-10	基底未按设计要求进行换填;换填材料、换填厚度不符合设计或规范要求	《给水排水管道工程施工及验收规范》(GB 50268—2008)	自2009年5月1日起施行	4.4.4
1.3.8.2-11	涵洞回填时沟槽内有杂物或积水	《给水排水管道工程施工及验收规范》(GB 50268—2008)	自2009年5月1日起施行	4.5.2
1.3.8.2-12	涵洞回填材料不符合设计要求	《给水排水管道工程施工及验收规范》(GB 50268—2008)	自2009年5月1日起施行	4.5.4

续上表

条目代码	条 目 内 容	依 据	执 行 时 间	所在章节
1.3.8.2-13	涵洞回填土未按规范要求分层回填	《给水排水管道工程施工及验收规范》(GB 50268—2008)	自2009年5月1日起施行	4.5.5
1.3.8.2-14	涵洞未两侧对称回填;管道两侧压实面高差超过300mm	《给水排水管道工程施工及验收规范》(GB 50268—2008)	自2009年5月1日起施行	4.5.10
1.3.8.2-15	涵洞顶以上50cm范围内使用压路机进行压实	《城镇道路工程施工与质量验收规范》(CJJ 1—2008)	自2008年9月1日起施行	6.3.12
1.3.8.2-16	涵洞结构顶面至路床的覆土厚度不大于50cm时未对管道结构进行加固	《城镇道路工程施工与质量验收规范》(CJJ 1—2008)	自2008年9月1日起施行	6.3.12
1.3.8.2-17	涵洞结构顶面至路床的覆土厚度在50~80cm时未对管道结构采取保护或加固措施	《城镇道路工程施工与质量验收规范》(CJJ 1—2008)	自2008年9月1日起施行	6.3.12
1.3.8.2-18	安装管材出现开裂、破损、锈蚀或变质	《给水排水管道工程施工及验收规范》(GB 50268—2008)	自2009年5月1日起施行	3.1.11
1.3.8.2-19	管道沟槽回填材料或回填压实度不满足设计要求	《给水排水管道工程施工及验收规范》(GB 50268—2008)	自2009年5月1日起施行	4.6.3
1.3.8.3	主体结构			
1.3.8.3-1	管道接口不符合设计和规范的要求,存在开裂、空鼓、脱落现象	《给水排水管道工程施工及验收规范》(GB 50268—2008)	自2009年5月1日起施行	5.10.7
1.3.8.3-2	管道刚性接口混凝土或砂浆强度等级不满足设计要求	《给水排水管道工程施工及验收规范》(GB 50268—2008)	自2009年5月1日起施行	5.10.7
1.3.8.3-3	管道铺设安装不稳固,线形不平直	《给水排水管道工程施工及验收规范》(GB 50268—2008)	自2009年5月1日起施行	5.10.9
1.3.8.3-4	结构变形缝(伸缩缝、沉降缝)止水带安装位置不准确、不牢固,缝宽及填缝材料不符合设计要求	《城镇道路工程施工与质量验收规范》(CJJ 1—2008)	自2008年9月1日起施行	14.1.7
1.3.8.3-5	人行地道变形缝安装不垂直	《城镇道路工程施工与质量验收规范》(CJJ 1—2008)	自2008年9月1日起施行	14.2.13
1.3.8.3-6	变形缝埋件(止水带)未处于所在结构的中心部位	《城镇道路工程施工与质量验收规范》(CJJ 1—2008)	自2008年9月1日起施行	14.2.13

续上表

条目代码	条 目 内 容	依　据	执 行 时 间	所在章节
1.3.8.3-7	现场采用铁钉、钢丝等穿透变形带材料，固定止水带	《城镇道路工程施工与质量验收规范》（CJJ 1—2008）	自2008年9月1日起施行	14.2.13
1.3.8.3-8	地下通道工程基础结构下未设混凝土垫层	《城镇道路工程施工与质量验收规范》（CJJ 1—2008）	自2008年9月1日起施行	14.2.1
1.3.8.3-9	人行通道外防水层作业不符合规范要求	《城镇道路工程施工与质量验收规范》（CJJ 1—2008）	自2008年9月1日起施行	14.2.2
1.3.8.3-10	防水材料品质、规格、性能不符合设计要求	《城镇道路工程施工与质量验收规范》（CJJ 1—2008）	自2008年9月1日起施行	14.2.2
1.3.8.3-11	防水材料纵横向搭接长度小于10cm，粘接不密实、不牢固	《城镇道路工程施工与质量验收规范》（CJJ 1—2008）	自2008年9月1日起施行	14.2.2
1.3.8.3-12	地道侧墙与顶板防水层铺设完成后，未在其外侧做保护层	《城镇道路工程施工与质量验收规范》（CJJ 1—2008）	自2008年9月1日起施行	14.2.2
1.3.8.3-13	模板的制作、安装与拆除不符合规范要求	《城镇道路工程施工与质量验收规范》（CJJ 1—2008）	自2008年9月1日起施行	14.2.3
1.3.8.3-14	钢筋品种和规格、加工、成型与安装不符合设计和规范要求	《城镇道路工程施工与质量验收规范》（CJJ 1—2008）	自2008年9月1日起施行	14.2.4
1.3.8.3-15	混凝土砂石、水泥原材料物理性能不符合规范要求	《城镇道路工程施工与质量验收规范》（CJJ 1—2008）	自2008年9月1日起施行	14.2.5
1.3.8.3-16	混凝土表面不光滑、平整，存在蜂窝、麻面、缺边掉角现象	《城镇道路工程施工与质量验收规范》（CJJ 1—2008）	自2008年9月1日起施行	14.5.1
1.3.9	交安工程			
1.3.9.1	标志			
1.3.9.1-1	交通标志所用的标志板、立柱、基础等材料不符合规范要求	《公路交通安全设施施工技术规范》（JTG F71—2006）	自2006年9月1日起施行	5.2.1
1.3.9.1-2	交通标志的钢构件未进行防腐处理或防腐处理不符合规范要求	《公路交通安全设施施工技术规范》（JTG F71—2006）	自2006年9月1日起施行	5.2.2
1.3.9.1-3	不同材质的金属构件互相接触时，未使用非金属套、垫或保护层使两者隔离	《公路交通安全设施施工技术规范》（JTG F71—2006）	自2006年9月1日起施行	5.2.2

续上表

条目代码	条目内容	依据	执行时间	所在章节
1.3.9.1-4	标志底板的尺寸、加工及清洗不符合规范要求，板面不平整	《公路交通安全设施施工技术规范》(JTG F71—2006)	自2006年9月1日起施行	5.3.1
1.3.9.1-5	标志版面的形状、颜色、文字等内容不符合规范要求	《公路交通安全设施施工技术规范》(JTG F71—2006)	自2006年9月1日起施行	5.3.2
1.3.9.1-6	标志反光膜的逆反射性能不符合设计要求	《公路交通安全设施施工技术规范》(JTG F71—2006)	自2006年9月1日起施行	5.3.2
1.3.9.1-7	钢结构的钻孔、冲孔、焊接未在防腐处理之前完成	《公路交通安全设施施工技术规范》(JTG F71—2006)	自2006年9月1日起施行	5.3.3
1.3.9.1-8	钢构件在运输过程中存在损伤防腐层现象	《公路交通安全设施施工技术规范》(JTG F71—2006)	自2006年9月1日起施行	5.3.3
1.3.9.1-9	标志基础承载力不符合规范要求	《公路交通安全设施施工技术规范》(JTG F71—2006)	自2006年9月1日起施行	5.3.4
1.3.9.1-10	标志基础地脚螺栓或底座法兰盘设置不符合规范要求	《公路交通安全设施施工技术规范》(JTG F71—2006)	自2006年9月1日起施行	5.3.47
1.3.9.1-11	标志的设置位置及安装角度不符合规范要求	《公路交通安全设施施工技术规范》(JTG F71—2006)	自2006年9月1日起施行	5.4.1
1.3.9.1-12	标志面存在起皱、开裂、缺损和凹凸变形等现象	《公路交通安全设施施工技术规范》(JTG F71—2006)	自2006年9月1日起施行	5.4.2
1.3.9.1-13	标志面在夜间灯照射下存在阴暗不均和影响阅读的现象	《公路交通安全设施施工技术规范》(JTG F71—2006)	自2006年9月1日起施行	5.4.3
1.3.9.1-14	标志板的外形尺寸、底板厚度、文字高度等不符合规范要求	《公路交通安全设施施工技术规范》(JTG F71—2006)	自2006年9月1日起施行	5.4.4
1.3.9.1-15	标志板的下缘至路面的净空、标志板的内缘至公路边缘线的距离不符合规范要求	《公路交通安全设施施工技术规范》(JTG F71—2006)	自2006年9月1日起施行	5.4.5
1.3.9.1-16	钢构件的防腐层存在色差、流挂、滴瘤和多余结块，以及漏镀的现象	《公路交通安全设施施工技术规范》(JTG F71—2006)	自2006年9月1日起施行	5.4.6
1.3.9.1-17	标志基础的地基承载力和规格、强度不符合规范要求	《公路交通安全设施施工技术规范》(JTG F71—2006)	自2006年9月1日起施行	5.4.7

续上表

条目代码	条 目 内 容	依 据	执 行 时 间	所在章节
1.3.9.2	标线			
1.3.9.2-1	存在雨天、低温天气施工交通标线的现象	《公路交通安全设施施工技术规范》(JTG F71—2006)	自2006年9月1日起施行	6.1.2
1.3.9.2-2	路面标线涂料的性能、质量不符合规范要求	《公路交通安全设施施工技术规范》(JTG F71—2006)	自2006年9月1日起施行	6.2.1
1.3.9.2-3	突起路标的性能不符合规范要求	《公路交通安全设施施工技术规范》(JTG F71—2006)	自2006年9月1日起施行	6.2.2
1.3.9.2-4	路面标线的施工存在路面潮湿、未清理干净现象	《公路交通安全设施施工技术规范》(JTG F71—2006)	自2006年9月1日起施行	6.3.1
1.3.9.2-5	突起路标的施工存在路面和路标底部不清洁、干燥的现象	《公路交通安全设施施工技术规范》(JTG F71—2006)	自2006年9月1日起施行	6.3.2
1.3.9.2-6	路面标线的颜色、形状和标线划法不符合规范要求	《公路交通安全设施施工技术规范》(JTG F71—2006)	自2006年9月1日起施行	6.4.1
1.3.9.2-7	路面标线、突起路标的设置位置和规格不符合规范要求	《公路交通安全设施施工技术规范》(JTG F71—2006)	自2006年9月1日起施行	6.4.2
1.3.9.2-8	标线线形存在不流畅和公路线形不协调、出现折线的现象	《公路交通安全设施施工技术规范》(JTG F71—2006)	自2006年9月1日起施行	6.4.3
1.3.9.2-9	反光标线玻璃珠存在撒布不均匀、附着不牢固等现象	《公路交通安全设施施工技术规范》(JTG F71—2006)	自2006年9月1日起施行	6.4.4
1.3.9.2-10	标线涂料表面存在网状裂缝、断裂裂缝、气泡、变色、剥落,纵向有长的起筋或拉槽等现象	《公路交通安全设施施工技术规范》(JTG F71—2006)	自2006年9月1日起施行	6.4.5
1.3.9.2-11	突起路标的抗压荷载达不到规范要求,有破损开裂的现象	《公路交通安全设施施工技术规范》(JTG F71—2006)	自2006年9月1日起施行	6.4.6
1.3.9.3	隔离墩			
1.3.9.3-1	隔离墩吊装时,其强度不符合设计规定	《城镇道路工程施工与质量验收规范》(CJJ 1—2008)	自2008年9月1日起施行	16.6.2

续上表

条目代码	条目内容	依据	执行时间	所在章节
1.3.9.3-2	隔离墩安装不稳固,坐浆不饱满	《城镇道路工程施工与质量验收规范》(CJJ 1—2008)	自2008年9月1日起施行	16.6.3
1.3.9.3-3	焊接隔离墩焊缝存在质量缺陷	《城镇道路工程施工与质量验收规范》(CJJ 1—2008)	自2008年9月1日起施行	16.6.3
1.3.9.4	隔离栅			
1.3.9.4-1	隔离网、隔离栅板未提供厂家资质,其材质、规格形式及防腐处理与设计不符	《城镇道路工程施工与质量验收规范》(CJJ 1—2008)	自2008年9月1日起施行	16.7.1
1.3.9.4-2	固定隔离栅的金属柱和连接件规格、尺寸、材质不符合设计规定,未进行防腐处理	《城镇道路工程施工与质量验收规范》(CJJ 1—2008)	自2008年9月1日起施行	16.7.2
1.3.9.4-3	隔离栅立柱与基础连接不牢固,位置不准确	《城镇道路工程施工与质量验收规范》(CJJ 1—2008)	自2008年9月1日起施行	16.7.3
1.3.9.4-4	隔离栅板、隔离网片与立柱连接不牢固,框架、网面不平整,有明显凹凸现象	《城镇道路工程施工与质量验收规范》(CJJ 1—2008)	自2008年9月1日起施行	16.7.4
1.3.9.5	护栏			
1.3.9.5-1	护栏未提供加工厂家资质证书	《城镇道路工程施工与质量验收规范》(CJJ 1—2008)	自2008年9月1日起施行	16.8.1
1.3.9.5-2	护栏材质、规格形式及防腐处理不符合设计要求	《城镇道路工程施工与质量验收规范》(CJJ 1—2008)	自2008年9月1日起施行	16.8.1
1.3.9.5-3	护栏加工件表面存在剥落、气泡、裂纹、疤痕、擦伤等缺陷	《城镇道路工程施工与质量验收规范》(CJJ 1—2008)	自2008年9月1日起施行	16.8.1
1.3.9.5-4	护栏立柱埋置不稳固,位置不准确,埋置深度不符合设计要求	《城镇道路工程施工与质量验收规范》(CJJ 1—2008)	自2008年9月1日起施行	16.8.2
1.3.9.5-5	护栏的栏板、波形梁与道路竖曲线不协调	《城镇道路工程施工与质量验收规范》(CJJ 1—2008)	自2008年9月1日起施行	16.8.3
1.3.9.5-6	护栏的波形梁起、止点和道口处未按设计进行端头处理	《城镇道路工程施工与质量验收规范》(CJJ 1—2008)	自2008年9月1日起施行	16.8.4

续上表

条目代码	条 目 内 容	依 据	执 行 时 间	所在章节
1.3.9.6	声屏障			
1.3.9.6-1	声屏障所用材质与单体构件的结构形式、外形尺寸、隔声性能不符合设计要求	《城镇道路工程施工与质量验收规范》(CJJ 1—2008)	自2008年9月1日起施行	16.9.1
1.3.9.6-2	砌体声屏障施工不符合规范要求	《城镇道路工程施工与质量验收规范》(CJJ 1—2008)	自2008年9月1日起施行	16.9.2
1.3.9.6-3	金属声屏障焊接存在裂缝、夹渣、未熔合和未填满弧坑等缺陷	《城镇道路工程施工与质量验收规范》(CJJ 1—2008)	自2008年9月1日起施行	16.9.3
1.3.9.6-4	金属声屏障屏体与基础的链接不牢固	《城镇道路工程施工与质量验收规范》(CJJ 1—2008)	自2008年9月1日起施行	16.9.3
1.3.9.6-5	钢化玻璃屏障与金属框架镶嵌不牢固、不严密	《城镇道路工程施工与质量验收规范》(CJJ 1—2008)	自2008年9月1日起施行	16.9.3
1.3.9.7	防眩板			
1.3.9.7-1	防眩板材质、规格、防腐处理、几何尺寸及遮光角不符合设计要求	《城镇道路工程施工与质量验收规范》(CJJ 1—2008)	自2008年9月1日起施行	16.10.1
1.3.9.7-2	防眩板未提供加工厂家资质证书	《城镇道路工程施工与质量验收规范》(CJJ 1—2008)	自2008年9月1日起施行	16.10.2
1.3.9.7-3	防眩板表面色泽不均匀,存在气泡、裂纹、疤痕、断面分层等缺陷	《城镇道路工程施工与质量验收规范》(CJJ 1—2008)	自2008年9月1日起施行	16.10.2
1.3.9.7-4	防眩板安装位置不准确,焊接或拴接不牢固	《城镇道路工程施工与质量验收规范》(CJJ 1—2008)	自2008年9月1日起施行	16.10.3
1.3.9.7-5	路段与桥梁上防眩设施衔接不直顺	《城镇道路工程施工与质量验收规范》(CJJ 1—2008)	自2008年9月1日起施行	16.10.5
1.3.9.7-6	防眩板金属镀层存在损伤未修补	《城镇道路工程施工与质量验收规范》(CJJ 1—2008)	自2008年9月1日起施行	16.10.6
1.3.9.8	轮廓标			
1.3.9.8-1	轮廓标所用材料不符合设计和规范要求	《公路交通安全设施施工技术规范》(JTG F71—2006)	自2006年9月1日起施行	9.2.1

续上表

条目代码	条 目 内 容	依 据	执 行 时 间	所在章节
1.3.9.8-2	轮廓标安装线形与道路线形不一致	《公路交通安全设施施工技术规范》(JTG F71—2006)	自2006年9月1日起施行	9.4.1
1.3.9.8-3	轮廓标的外形尺寸不符合设计文件要求	《公路交通安全设施施工技术规范》(JTG F71—2006)	自2006年9月1日起施行	9.4.2
1.3.9.8-4	附着式轮廓标安装不牢固、角度不准确、高度不一致	《公路交通安全设施施工技术规范》(JTG F71—2006)	自2006年9月1日起施行	9.4.4
1.3.9.8-5	钢构件表面防腐处理不满足设计文件要求	《公路交通安全设施施工技术规范》(JTG F71—2006)	自2006年9月1日起施行	9.4.5
1.3.10	机电工程			
1.3.10.1	监控设施			
1.3.10.1-1	车辆检测器及其配件的数量、型号规格不符合设计要求	《公路工程质量检验评定标准》(JTG F80/2—2004)	自2005年1月1日起施行	2.1.1
1.3.10.1-2	车辆检测器安装位置不正确,机箱外部不完整,门锁开闭不灵活	《公路工程质量检验评定标准》(JTG F80/2—2004)	自2005年1月1日起施行	2.1.1
1.3.10.1-3	线圈(探头)安装尺寸不符合设计要求,线槽不顺直、不均匀等	《公路工程质量检验评定标准》(JTG F80/2—2004)	自2005年1月1日起施行	2.1.1
1.3.10.1-4	电源、通信线路连接不符合规范要求,检测器处于不正常工作状态	《公路工程质量检验评定标准》(JTG F80/2—2004)	自2005年1月1日起施行	2.1.1
1.3.10.1-5	隐蔽工程验收记录、分项工程自检和设备调试记录、有效的设备检验合格报告或证书不齐全	《公路工程质量检验评定标准》(JTG F80/2—2004)	自2005年1月1日起施行	2.1.1
1.3.10.1-6	气象检测器及其配件的数量、型号不符合设计要求	《公路工程质量检验评定标准》(JTG F80/2—2004)	自2005年1月1日起施行	2.2.1
1.3.10.1-7	气象检测器安装位置不正确,机箱外部不完整,门锁开闭不灵活	《公路工程质量检验评定标准》(JTG F80/2—2004)	自2005年1月1日起施行	2.2.1
1.3.10.1-8	探头安装方位、尺寸不符合设计要求	《公路工程质量检验评定标准》(JTG F80/2—2004)	自2005年1月1日起施行	2.2.1

续上表

条目代码	条目内容	依据	执行时间	所在章节
1.3.10.1-9	电源、通信线路连接不符合规范要求，气象检测器处于不正常工作状态	《公路工程质量检验评定标准》(JTG F80/2—2004)	自2005年1月1日起施行	2.2.1
1.3.10.1-10	闭路电视监视系统的设备及配件数量、型号规格不符合设计要求，部件不完整	《公路工程质量检验评定标准》(JTG F80/2—2004)	自2005年1月1日起施行	2.3.1
1.3.10.1-11	外场摄像机基础安装位置不正确，立柱安装不竖直、不牢固	《公路工程质量检验评定标准》(JTG F80/2—2004)	自2005年1月1日起施行	2.3.1
1.3.10.1-12	摄像机安装方位、高度不符合设计要求	《公路工程质量检验评定标准》(JTG F80/2—2004)	自2005年1月1日起施行	2.3.1
1.3.10.1-13	控制机箱外部不完整，门锁开闭不灵活	《公路工程质量检验评定标准》(JTG F80/2—2004)	自2005年1月1日起施行	2.3.1
1.3.10.1-14	电源、控制线路以及视频输线路连接不符合规范要求，闭路电视系统的设备处于不正常工作状态	《公路工程质量检验评定标准》(JTG F80/2—2004)	自2005年1月1日起施行	2.3.1
1.3.10.1-15	可变标志设备及配件数量、型号规格不符合设计要求，部件不完整	《公路工程质量检验评定标准》(JTG F80/2—2004)	自2005年1月1日起施行	2.4.1
1.3.10.1-16	防雷部件安装不到位，连接措施不符合要求	《公路工程质量检验评定标准》(JTG F80/2—2004)	自2005年1月1日起施行	2.4.1
1.3.10.1-17	可变标志面安装方位、角度、高度不符合设计要求	《公路工程质量检验评定标准》(JTG F80/2—2004)	自2005年1月1日起施行	2.4.1
1.3.10.1-18	显示屏发光单元未处于受控状态，失效率不符合产品标准要求	《公路工程质量检验评定标准》(JTG F80/2—2004)	自2005年1月1日起施行	2.4.1
1.3.10.1-19	监控系统各种光、电缆规格及使用的保护管道不符合设计要求	《公路工程质量检验评定标准》(JTG F80/2—2004)	自2005年1月1日起施行	2.5.1
1.3.10.1-20	人(手)孔及管道设置安装不齐全、不合格，防水措施差	《公路工程质量检验评定标准》(JTG F80/2—2004)	自2005年1月1日起施行	2.5.1

续上表

条目代码	条 目 内 容	依 据	执 行 时 间	所在章节
1.3.10.1-21	塑料通信管道敷设与安装不符合规范要求	《公路工程质量检验评定标准》(JTG F80/2—2004)	自2005年1月1日起施行	2.5.1
1.3.10.1-22	光、电缆接续及占用管道孔不正确,密封防水措施不符合规范要求	《公路工程质量检验评定标准》(JTG F80/2—2004)	自2005年1月1日起施行	2.5.1
1.3.10.1-23	光、电缆成端及进室的措施不好,不符合规范要求	《公路工程质量检验评定标准》(JTG F80/2—2004)	自2005年1月1日起施行	2.5.1
1.3.10.1-24	直埋电缆不符合施工规范要求	《公路工程质量检验评定标准》(JTG F80/2—2004)	自2005年1月1日起施行	2.5.1
1.3.10.1-25	监控系统部分设备的配置、数量、型号规格不符合设计要求,部件不完整	《公路工程质量检验评定标准》(JTG F80/2—2004)	自2005年1月1日起施行	2.6.1
1.3.10.1-26	监控中心的防雷、水暖、供电、空调通风、照明等辅助设施未经验收	《公路工程质量检验评定标准》(JTG F80/2—2004)	自2005年1月1日起施行	2.6.1
1.3.10.1-27	监控中心的部分设备未经安装调试或系统处于不正常运转工作状态	《公路工程质量检验评定标准》(JTG F80/2—2004)	自2005年1月1日起施行	2.6.1
1.3.10.1-28	投影仪、屏幕及配件的数量、型号不符合设计要求,部件不完整	《公路工程质量检验评定标准》(JTG F80/2—2004)	自2005年1月1日起施行	2.7.1
1.3.10.1-29	投影仪、屏幕安装方位、角度、高度不符合设计要求	《公路工程质量检验评定标准》(JTG F80/2—2004)	自2005年1月1日起施行	2.7.1
1.3.10.1-30	电源、控制线路以及通信线路连接不符合规范要求,设备处于不正常工作状态	《公路工程质量检验评定标准》(JTG F80/2—2004)	自2005年1月1日起施行	2.7.1
1.3.10.1-31	大屏幕投影系统分项工程自检和设备调试记录、有效的设备检验合格报告或证书等资料不齐全	《公路工程质量检验评定标准》(JTG F80/2—2004)	自2005年1月1日起施行	2.7.1
1.3.10.1-32	地图板、控制器及其他配件的数量、型号规格不符合设计要求,部件不完整	《公路工程质量检验评定标准》(JTG F80/2—2004)	自2005年1月1日起施行	2.8.1
1.3.10.1-33	地图板、控制器安装方位、角度、高度不符合设计要求	《公路工程质量检验评定标准》(JTG F80/2—2004)	自2005年1月1日起施行	2.8.1

续上表

条目代码	条目内容	依据	执行时间	所在章节
1.3.10.1-34	监控计算机网络设备数量、型号规格不符合设计要求	《公路工程质量检验评定标准》(JTG F80/2—2004)	自2005年1月1日起施行	2.9.1
1.3.10.1-35	插座、双绞线接头的压接形式不符合 EIA/TIA586A 或 586B 的要求	《公路工程质量检验评定标准》(JTG F80/2—2004)	自2005年1月1日起施行	2.9.1
1.3.10.1-36	网络设备安装未调试完毕，系统处于不正常工作状态	《公路工程质量检验评定标准》(JTG F80/2—2004)	自2005年1月1日起施行	2.9.1
1.3.10.1-37	监控设备外观质量不符合规范要求	《公路工程质量检验评定标准》(JTG F80/2—2004)	自2005年1月1日起施行	2
1.3.10.2	通信设施			
1.3.10.2-1	通信光电缆、塑料管道、人(手)孔圈等器材的数量、规格程式不符合设计要求	《公路工程质量检验评定标准》(JTG F80/2—2004)	自2005年1月1日起施行	3.1.1
1.3.10.2-2	塑料通信管道敷设与安装不符合规范要求	《公路工程质量检验评定标准》(JTG F80/2—2004)	自2005年1月1日起施行	3.1.1
1.3.10.2-3	管道基础及包封用原材料、型号、规格及数量不符合相关标准的规定	《公路工程质量检验评定标准》(JTG F80/2—2004)	自2005年1月1日起施行	3.1.1
1.3.10.2-4	光、电缆的敷设、接续、预留及成端等不符合规范要求	《公路工程质量检验评定标准》(JTG F80/2—2004)	自2005年1月1日起施行	3.1.1
1.3.10.2-5	直埋电缆不符合施工规范要求	《公路工程质量检验评定标准》(JTG F80/2—2004)	自2005年1月1日起施行	3.1.1
1.3.10.2-6	光纤数字传输系统通信机房通风、照明等不符合要求	《公路工程质量检验评定标准》(JTG F80/2—2004)	自2005年1月1日起施行	3.2.1
1.3.10.2-7	光纤数字传输系统通信设备的配置、数量、型号规格不符合要求，或部件不完整	《公路工程质量检验评定标准》(JTG F80/2—2004)	自2005年1月1日起施行	3.2.1
1.3.10.2-8	光纤数字传输系统所有设备安装调试未完成，或系统未处于正常运转工作状态	《公路工程质量检验评定标准》(JTG F80/2—2004)	自2005年1月1日起施行	3.2.1
1.3.10.2-9	数字程控交换系统通信机房通风、照明等不符合要求	《公路工程质量检验评定标准》(JTG F80/2—2004)	自2005年1月1日起施行	3.3.1

续上表

条目代码	条 目 内 容	依 据	执 行 时 间	所在章节
1.3.10.2-10	交换设备、辅助设备、控制台及各种电路板的数量、型号规格及安装位置不符合要求	《公路工程质量检验评定标准》(JTG F80/2—2004)	自2005年1月1日起施行	3.3.1
1.3.10.2-11	设备及基辅助设备安装不牢固、标志不齐全	《公路工程质量检验评定标准》(JTG F80/2—2004)	自2005年1月1日起施行	3.3.1
1.3.10.2-12	设备的各种开关未置于指定位置	《公路工程质量检验评定标准》(JTG F80/2—2004)	自2005年1月1日起施行	3.3.1
1.3.10.2-13	部分设备安装连接不到位,未经过严格的系统检查,稳定性达不到要求	《公路工程质量检验评定标准》(JTG F80/2—2004)	自2005年1月1日起施行	3.3.1
1.3.10.2-14	隐蔽工程验收记录、分项工程自检和设备及系统联调记录、有效的设备检验合格报告或证书等资料不齐全	《公路工程质量检验评定标准》(JTG F80/2—2004)	自2005年1月1日起施行	3.3.1
1.3.10.2-15	紧急电话分机、主机的数量、型号不符合要求	《公路工程质量检验评定标准》(JTG F80/2—2004)	自2005年1月1日起施行	3.4.1
1.3.10.2-16	紧急电话分机安装位置不正确,机箱外部不完整、门锁开闭不灵活	《公路工程质量检验评定标准》(JTG F80/2—2004)	自2005年1月1日起施行	3.4.1
1.3.10.2-17	紧急电话分机上的标志不符合GB 5768的要求,反光膜未使用高强级反光材料	《公路工程质量检验评定标准》(JTG F80/2—2004)	自2005年1月1日起施行	3.4.1
1.3.10.2-18	安装方位不符合路线走向要求,或未按要求安装必要的防护措施	《公路工程质量检验评定标准》(JTG F80/2—2004)	自2005年1月1日起施行	3.4.1
1.3.10.2-19	监控系统各种光、电缆规格及使用的保护管道不符合设计要求	《公路工程质量检验评定标准》(JTG F80/2—2004)	自2005年1月1日起施行	3.4.1
1.3.10.2-20	电源、通信线路以及通信线路连接不符合规范要求,设备处于不正常工作状态	《公路工程质量检验评定标准》(JTG F80/2—2004)	自2005年1月1日起施行	3.4.1
1.3.10.2-21	无线移动通信系统所用设备的数量、型号不符合要求,部件不完整	《公路工程质量检验评定标准》(JTG F80/2—2004)	自2005年1月1日起施行	3.5.1
1.3.10.2-22	铁塔安装不牢固或未通过验收	《公路工程质量检验评定标准》(JTG F80/2—2004)	自2005年1月1日起施行	3.5.1

续上表

条目代码	条目内容	依据	执行时间	所在章节
1.3.10.2-23	天线铁塔安装的防雷系统不符合设计要求	《公路工程质量检验评定标准》(JTG F80/2—2004)	自2005年1月1日起施行	3.5.1
1.3.10.2-24	天线、馈线、收发控制设备、电源设备等安装未到位，或系统未调试，未处于正常工作状态	《公路工程质量检验评定标准》(JTG F80/2—2004)	自2005年1月1日起施行	3.5.1
1.3.10.2-25	通信电源设备数量、型号不符合设计要求，部件及配件不完整	《公路工程质量检验评定标准》(JTG F80/2—2004)	自2005年1月1日起施行	3.6.1
1.3.10.2-26	部分设备安装连接不到位，未处于正常工作状态	《公路工程质量检验评定标准》(JTG F80/2—2004)	自2005年1月1日起施行	3.6.1
1.3.10.2-27	配电、换流设备未做可靠接地连接	《公路工程质量检验评定标准》(JTG F80/2—2004)	自2005年1月1日起施行	3.6.1
1.3.10.2-28	通信设备外观质量不符合规范要求	《公路工程质量检验评定标准》(JTG F80/2—2004)	自2005年1月1日起施行	3
1.3.10.3	隧道通风设施			
1.3.10.3-1	通风设备及缆线的数量、型号规格、程式不符合设计要求。部件或配件不完整	《公路工程质量检验评定标准》(JTG F80/2—2004)	自2005年1月1日起施行	7.8.1
1.3.10.3-2	通风设备安装支架的结构尺寸、预埋件、安装方位、安装间距等不符合设计要求	《公路工程质量检验评定标准》(JTG F80/2—2004)	自2005年1月1日起施行	7.8.1
1.3.10.3-3	无通风设备安装支架抗拔力检验合格报告	《公路工程质量检验评定标准》(JTG F80/2—2004)	自2005年1月1日起施行	7.8.1
1.3.10.3-4	通风设备安装不够牢固、方位不正确	《公路工程质量检验评定标准》(JTG F80/2—2004)	自2005年1月1日起施行	7.8.1
1.3.10.3-5	连接通风设备的相关缆线未经过通电测试，工作状态异常	《公路工程质量检验评定标准》(JTG F80/2—2004)	自2005年1月1日起施行	7.8.1
1.3.10.3-6	通风设备无隐蔽工程验收记录、分项工程自检和设备调试记录、安装和非安装设备及附(备)件清单、有效的设备检验合格报告或证书；资料不齐全	《公路工程质量检验评定标准》(JTG F80/2—2004)	自2005年1月1日起施行	7.8.1

续上表

条目代码	条 目 内 容	依 据	执 行 时 间	所在章节
1.3.10.3-7	通风设备外观质量不符合规范要求	《公路工程质量检验评定标准》(JTG F80/2—2004)	自2005年1月1日起施行	7.8.3
1.3.10.4	隧道照明设施			
1.3.10.4-1	照明设备及缆线的数量、型号规格、程式不符合设计要求,部件或配件不完整	《公路工程质量检验评定标准》(JTG F80/2—2004)	自2005年1月1日起施行	7.9.1
1.3.10.4-2	照明灯具安装支架的结构尺寸、预埋件、安装方位、安装间距等不符合设计要求	《公路工程质量检验评定标准》(JTG F80/2—2004)	自2005年1月1日起施行	7.9.1
1.3.10.4-3	照明设备及控制柜安装不够牢固、方位不正确	《公路工程质量检验评定标准》(JTG F80/2—2004)	自2005年1月1日起施行	7.9.1
1.3.10.4-4	连接照明设备的相关缆线未经过通电测试,工作状态异常	《公路工程质量检验评定标准》(JTG F80/2—2004)	自2005年1月1日起施行	7.9.1
1.3.10.4-5	照明设备无隐蔽工程验收记录、分项工程自检和设备调试记录、安装和非安装设备及附(备)件清单、有效的设备检验合格报告或证书;资料不齐全	《公路工程质量检验评定标准》(JTG F80/2—2004)	自2005年1月1日起施行	7.9.1
1.3.10.4-6	照明设备外观质量不符合规范要求	《公路工程质量检验评定标准》(JTG F80/2—2004)	自2005年1月1日起施行	7.9.3
1.3.10.5	隧道消防设施			
1.3.10.5-1	消防设备器材无产品质量合格证书,其数量、型号规范不符合设计要求,部件不完整	《公路工程质量检验评定标准》(JTG F80/2—2004)	自2005年1月1日起施行	7.10.1
1.3.10.5-2	消防设备的安装支架、预埋锚固件、预埋管线、在隧道内安装孔位、安装间距等不符合设计要求	《公路工程质量检验评定标准》(JTG F80/2—2004)	自2005年1月1日起施行	7.10.1
1.3.10.5-3	消防明装线缆、管道保护措施不符合设计要求	《公路工程质量检验评定标准》(JTG F80/2—2004)	自2005年1月1日起施行	7.10.1
1.3.10.5-4	连接消防设备的相关缆线未经过通电测试,工作状态异常	《公路工程质量检验评定标准》(JTG F80/2—2004)	自2005年1月1日起施行	7.10.1

续上表

条目代码	条 目 内 容	依 据	执 行 时 间	所在章节
1.3.10.5-5	消防设备无隐蔽工程验收记录、分项工程自检和设备调试记录、安装和非安装设备及附(备)件清单、有效的设备检验合格报告或证书;资料不齐全	《公路工程质量检验评定标准》(JTG F80/2—2004)	自2005年1月1日起施行	7.10.1
1.3.10.5-6	消防设备外观质量不符合规范要求	《公路工程质量检验评定标准》(JTG F80/2—2004)	自2005年1月1日起施行	7.10.3
1.3.11	房屋建筑工程			
1.3.11.1	基本规定			
1.3.11.1-1	检验批的质量验收未包括实物检查或资料检查	混凝土结构工程施工质量验收规范(GB 50204—2015)	自2015年9月1日起施行	3.0.4
1.3.11.1-2	检验批的质量验收无完整的质量检验记录,重要工序无完整的施工操作记录	混凝土结构工程施工质量验收规范(GB 50204—2015)	自2015年9月1日起施行	3.0.4
1.3.11.1-3	混凝土结构工程采用的材料、构配件、器具及半成品未按进场批次进行检验	混凝土结构工程施工质量验收规范(GB 50204—2015)	自2015年9月1日起施行	3.0.8
1.3.11.2	模板工程			
1.3.11.2-1	模板工程未编制施工方案	混凝土结构工程施工质量验收规范(GB 50204—2015)	自2015年9月1日起施行	4.1.1
1.3.11.2-2	爬升式模板工程、工具式模板工程及高大模板支架工程施工方案未按有关规定进行技术论证	混凝土结构工程施工质量验收规范(GB 50204—2015)	自2015年9月1日起施行	4.1.1
1.3.11.2-3	模板及支架未根据安装、使用和拆除工况进行设计,不满足承载力、刚度和整体稳定性要求	混凝土结构工程施工质量验收规范(GB 50204—2015)	自2015年9月1日起施行	4.1.2
1.3.11.2-4	模板及支架用材料的技术指标不符合国家现行有关标准的规定	混凝土结构工程施工质量验收规范(GB 50204—2015)	自2015年9月1日起施行	4.2.1
1.3.11.2-5	模板的接缝不严密	混凝土结构工程施工质量验收规范(GB 50204—2015)	自2015年9月1日起施行	4.2.5
1.3.11.2-6	模板内有杂物、积水等	混凝土结构工程施工质量验收规范(GB 50204—2015)	自2015年9月1日起施行	4.2.5

续上表

条目代码	条目内容	依据	执行时间	所在章节
1.3.11.2-7	模板的接缝存在漏浆现象	混凝土结构工程施工质量验收规范(GB 50204—2015)	自2015年9月1日起施行	4.2.5
1.3.11.2-8	模板与混凝土的接触面不平整、不清洁	混凝土结构工程施工质量验收规范(GB 50204—2015)	自2015年9月1日起施行	4.2.5
1.3.11.2-9	模板隔离剂品种和涂刷方法不符合施工方案的要求	混凝土结构工程施工质量验收规范(GB 50204—2015)	自2015年9月1日起施行	4.2.6
1.3.11.2-10	模板隔离剂沾污了钢筋、预应力筋、预埋件	混凝土结构工程施工质量验收规范(GB 50204—2015)	自2015年9月1日起施行	4.2.6
1.3.11.2-11	现浇结构模板安装偏差不符合规范要求	混凝土结构工程施工质量验收规范(GB 50204—2015)	自2015年9月1日起施行	4.2.10
1.3.11.2-12	预制构件模板安装偏差不符合规范要求	混凝土结构工程施工质量验收规范(GB 50204—2015)	自2015年9月1日起施行	4.2.11
1.3.11.3	钢筋工程			
1.3.11.3-1	在浇筑混凝土之前,未对钢筋隐蔽工程进行验收	混凝土结构工程施工质量验收规范(GB 50204—2015)	自2015年9月1日起施行	5.1.1
1.3.11.3-2	钢筋原材料质量不符合规范要求	混凝土结构工程施工质量验收规范(GB 50204—2015)	自2015年9月1日起施行	5.2
1.3.11.3-3	钢筋加工的允许偏差不符合规范要求	混凝土结构工程施工质量验收规范(GB 50204—2015)	自2015年9月1日起施行	5.3
1.3.11.3-4	钢筋连接方式不符合设计要求	混凝土结构工程施工质量验收规范(GB 50204—2015)	自2015年9月1日起施行	5.4.1
1.3.11.3-5	钢筋连接质量不符合规范要求	混凝土结构工程施工质量验收规范(GB 50204—2015)	自2015年9月1日起施行	5.4.2
1.3.11.3-6	钢筋安装时,受力钢筋的牌号、规格或数量不符合设计要求	混凝土结构工程施工质量验收规范(GB 50204—2015)	自2015年9月1日起施行	5.5.1
1.3.11.3-7	钢筋安装不牢固。受力钢筋的安装位置、锚固方式不符合设计要求	混凝土结构工程施工质量验收规范(GB 50204—2015)	自2015年9月1日起施行	5.5.2

续上表

条目代码	条 目 内 容	依 据	执 行 时 间	所在章节
1.3.11.3-8	钢筋安装偏差不符合规范要求	混凝土结构工程施工质量验收规范(GB 50204—2015)	自2015年9月1日起施行	5.5.3
1.3.11.4	混凝土工程			
1.3.11.4-1	水泥、砂石等混凝土结构原材料质量不符合规范要求	混凝土结构工程施工质量验收规范(GB 50204—2015)	自2015年9月1日起施行	7.2
1.3.11.4-2	结构混凝土的强度等级不符合设计要求	混凝土结构工程施工质量验收规范(GB 50204—2015)	自2015年9月1日起施行	7.4.1
1.3.11.4-3	混凝土浇筑完毕后未及时进行养护,养护时间或养护方法不符合施工方案要求	混凝土结构工程施工质量验收规范(GB 50204—2015)	自2015年9月1日起施行	7.4.3
1.3.11.4-4	现浇混凝土存在露筋、蜂窝、麻面等质量缺陷	混凝土结构工程施工质量验收规范(GB 50204—2015)	自2015年9月1日起施行	8.1.2
1.3.11.4-5	浇筑结构的外观质量存在严重缺陷	混凝土结构工程施工质量验收规范(GB 50204—2015)	自2015年9月1日起施行	8.2.1
1.3.11.4-6	现浇结构存在有影响结构性能和使用功能的尺寸偏差	混凝土结构工程施工质量验收规范(GB 50204—2015)	自2015年9月1日起施行	8.3.1
1.3.12	场站工程			
1.3.12-1	铺砌式面层材料不符合设计或规范要求	《城市桥梁工程施工与质量验收规范》(CJJ 2—2008)	自2008年9月1日起施行	11.1.1
1.3.12-2	水泥混凝土基层胀缝与铺砌面层胀缝未对齐	《城市桥梁工程施工与质量验收规范》(CJJ 2—2008)	自2008年9月1日起施行	11.1.5
1.3.12-3	铺砌砂浆不饱满,表面不平整	《城市桥梁工程施工与质量验收规范》(CJJ 2—2008)	自2008年9月1日起施行	11.1.6
1.3.12-4	铺砌面层水泥砂浆未达到设计强度即开放交通	《城市桥梁工程施工与质量验收规范》(CJJ 2—2008)	自2008年9月1日起施行	11.1.9
1.3.12-5	铺砌砂浆强度不满足设计要求	《城市桥梁工程施工与质量验收规范》(CJJ 2—2008)	自2008年9月1日起施行	11.3.1

续上表

条目代码	条目内容	依据	执行时间	所在章节
1.3.12-6	预制混凝土砌块强度不符合设计要求	《城市桥梁工程施工与质量验收规范》(CJJ 2—2008)	自2008年9月1日起施行	11.2.1
1.3.12-7	预制混凝土砌块尺寸与外观质量不符合规范要求	《城市桥梁工程施工与质量验收规范》(CJJ 2—2008)	自2008年9月1日起施行	11.2.1
1.3.13	附属设施工程			
1.3.13.1	路缘石			
1.3.13.1-1	路缘石无产品强度、规格尺寸等技术资料和产品合格证	《城镇道路工程施工与质量验收规范》(CJJ 1—2008)	自2008年9月1日起施行	16.1.1
1.3.13.1-2	石质路缘石强度不满足设计要求	《城镇道路工程施工与质量验收规范》(CJJ 1—2008)	自2008年9月1日起施行	16.1.3
1.3.13.1-3	剁斧加工石质路缘石偏差不符合规范要求	《城镇道路工程施工与质量验收规范》(CJJ 1—2008)	自2008年9月1日起施行	16.1.3
1.3.13.1-4	机具加工石质路缘石偏差不符合规范要求	《城镇道路工程施工与质量验收规范》(CJJ 1—2008)	自2008年9月1日起施行	16.1.3
1.3.13.1-5	预制混凝土路缘石混凝土弯拉与抗压强度等级不符合设计要求	《城镇道路工程施工与质量验收规范》(CJJ 1—2008)	自2008年9月1日起施行	16.1.4
1.3.13.1-6	预制混凝土路缘石吸水率大于8%	《城镇道路工程施工与质量验收规范》(CJJ 1—2008)	自2008年9月1日起施行	16.1.4
1.3.13.1-7	预制混凝土路缘石加工尺寸偏差不符合设计要求	《城镇道路工程施工与质量验收规范》(CJJ 1—2008)	自2008年9月1日起施行	16.1.4
1.3.13.1-8	预制混凝土路缘石外观质量偏差不符合规范要求	《城镇道路工程施工与质量验收规范》(CJJ 1—2008)	自2008年9月1日起施行	16.1.4
1.3.13.1-9	路缘石未以干硬性砂浆铺砌,砂浆不饱满、厚度不均匀	《城镇道路工程施工与质量验收规范》(CJJ 1—2008)	自2008年9月1日起施行	16.1.7
1.3.13.1-10	路缘石砌筑不稳固,线条不顺直、圆滑,缝隙不均匀	《城镇道路工程施工与质量验收规范》(CJJ 1—2008)	自2008年9月1日起施行	16.1.7

续上表

条目代码	条目内容	依据	执行时间	所在章节
1.3.13.1-11	路缘石灌缝不密实,平缘石表面不平顺,存在阻水现象	《城镇道路工程施工与质量验收规范》(CJJ 1—2008)	自2008年9月1日起施行	16.1.7
1.3.13.1-12	路缘石背后未浇筑水泥混凝土支撑,未还土夯实	《城镇道路工程施工与质量验收规范》(CJJ 1—2008)	自2008年9月1日起施行	16.1.8
1.3.13.2	排水沟与截水沟			
1.3.13.2-1	排水沟或截水沟未与道路配合施工	《城镇道路工程施工与质量验收规范》(CJJ 1—2008)	自2008年9月1日起施行	16.3.1
1.3.13.2-2	土沟存在超挖,沟底、边坡未夯实。用虚土贴底、贴坡	《城镇道路工程施工与质量验收规范》(CJJ 1—2008)	自2008年9月1日起施行	16.3.2
1.3.13.2-3	砌体和混凝土排水沟、截水沟的土基未夯实	《城镇道路工程施工与质量验收规范》(CJJ 1—2008)	自2008年9月1日起施行	16.3.3
1.3.13.2-4	砌体沟坐浆不饱满、勾缝不密实,存在通缝	《城镇道路工程施工与质量验收规范》(CJJ 1—2008)	自2008年9月1日起施行	16.3.4
1.3.13.2-5	沟底不平整,有反坡、凹兜现象	《城镇道路工程施工与质量验收规范》(CJJ 1—2008)	自2008年9月1日起施行	16.3.4
1.3.13.2-6	边坡、侧墙表面不平整,与其他排水设施衔接不平顺	《城镇道路工程施工与质量验收规范》(CJJ 1—2008)	自2008年9月1日起施行	16.3.4
1.3.13.2-7	混凝土排水沟、截水沟,盖板沟预制盖板强度不满足设计要求	《城镇道路工程施工与质量验收规范》(CJJ 1—2008)	自2008年9月1日起施行	16.3.5
1.3.13.2-8	混凝土表面不平整,存在蜂窝、缺损现象	《城镇道路工程施工与质量验收规范》(CJJ 1—2008)	自2008年9月1日起施行	16.3.6

2 安全监督

条目代码	条目内容	依据	执行时间	所在章节
2.1	建设单位			
2.1.1	安全组织机构			
2.1.1-1	未按要求设置安全生产管理机构或者配备专职安全生产管理人员	《中华人民共和国安全生产法》(中华人民共和国主席令第13号)	自2014年12月1日起施行	第二十一条
2.1.1-2	未明确岗位安全生产工作职责	《中华人民共和国安全生产法》(中华人民共和国主席令第13号)	自2014年12月1日起施行	第二十一条
2.1.2	管理制度			
2.1.2-1	未按要求建立、健全安全生产责任制和安全生产管理制度	《中华人民共和国安全生产法》(中华人民共和国主席令第13号)	自2014年12月1日起施行	第十八条
2.1.2-2	安全生产责任制、安全生产管理制度落实不到位	《中华人民共和国安全生产法》(中华人民共和国主席令第13号)	自2014年12月1日起施行	第十九条
2.1.3	安全费用			
2.1.3-1	建设单位未在施工合同中明确安全防护、文明施工措施项目总费用,以及费用 预付、支付计划、使用要求、调整方式等条款	《建筑工程安全防护、文明施工措施费用及使用管理规定》(建办〔2005〕89号)	自2005年9月1日起施行	第七条
2.1.3-2	建设单位未按要求编制安全防护、文明施工措施费用支付计划并提交建设行政主管部门	《建筑工程安全防护、文明施工措施费用及使用管理规定》(建办〔2005〕89号)	自2005年9月1日起施行	第八条
2.1.3-3	建设单位未按规定要求及合同约定及时向施工单位支付安全防护、文明施工措施费	《建筑工程安全防护、文明施工措施费用及使用管理规定》(建办〔2005〕89号)	自2005年9月1日起施行	第九条
2.1.4	安全检查			
2.1.4-1	安全生产管理人员未对工程项目的安全生产状况进行经常性检查	《中华人民共和国安全生产法》(中华人民共和国主席令第13号)	自2014年12月1日起施行	第四十三条

续上表

条目代码	条 目 内 容	依 据	执 行 时 间	所在章节
2.1.4-2	针对检查中发现的安全隐患(问题),未督促责任单位整改落实	《中华人民共和国安全生产法》(中华人民共和国主席令第13号)	自2014年12月1日起施行	第四十三条
2.1.4-3	安全检查及整改处理情况未如实记录	《中华人民共和国安全生产法》(中华人民共和国主席令第13号)	自2014年12月1日起施行	第四十三条
2.1.5	事故应急、救援			
2.1.5-1	未按法律、法规的要求编制应急救援预案	《生产安全事故应急预案管理办法》(安监总局令第88号)	自2016年7月1日起施行	第六条
2.1.5-2	编制的应急救援预案内容不全面、针对性不强	《生产安全事故应急预案管理办法》(安监总局令第88号)	自2016年7月1日起施行	第八至十八条
2.1.5-3	未按要求至少每年组织一次综合演练或专项应急预案演练,每半年组织一次现场处置方案演练	《生产安全事故应急预案管理办法》(安监总局令第88号)	自2016年7月1日起施行	第三十三条
2.1.5-4	演练结束后,未对演练的效果进行评估和对预案进行修订	《生产安全事故应急预案管理办法》(安监总局令第88号)	自2016年7月1日起施行	第三十四条
2.1.6	“平安工地”考评			
2.1.6-1	未制定“平安工地”建设方案	《公路水运工程“平安工地”考核评价标准》(交质监发〔2012〕679号)	自2012年12月5日起试行	表7
2.1.6-2	“平安工地”建设的工作要求未落实到建设单位工程管理人员、监理单位及施工单位	《公路水运工程“平安工地”考核评价标准》(交质监发〔2012〕679号)	自2012年12月6日起试行	表7
2.2	监理单位			
2.2.1	安全监理制度			
2.2.1-1	未按要求建立健全安全监理管理制度、安全生产岗位职责	《建设工程监理规范》(GB/T 50319—2013)	自2014年3月1日起施行	5.5.1
2.2.1-2	未按要求逐级签订安全生产责任书	《公路水运工程“平安工地”考核评价标准》(交质监发〔2012〕679号)	自2012年12月5日起试行	表6
2.2.2	规划、细则			
2.2.2-1	监理规划未由总监理工程师组织编制	《建设工程监理规范》(GB/T 50319—2013)	自2014年3月1日起施行	4.2.2
2.2.2-2	监理规划未经工程监理单位技术负责人审批后报建设单位批准	《建设工程监理规范》(GB/T 50319—2013)	自2014年3月1日起施行	4.2.2

续上表

条目代码	条目内容	依据	执行时间	所在章节
2.2.2-3	监理规划的内容不全面	《建设工程监理规范》(GB/T 50319—2013)	自2014年3月1日起施行	4.2.3
2.2.2-4	监理过程中,实际情况或条件发生变化而需要调整监理规划时,监理规划未按要求进行修订或更新	《建设工程监理规范》(GB/T 50319—2013)	自2014年3月1日起施行	4.2.4
2.2.2-5	监理实施细则的编制、审批不符合规范要求	《建设工程监理规范》(GB/T 50319—2013)	自2014年3月1日起施行	4.3.2
2.2.2-6	监理实施细则内容不全面	《建设工程监理规范》(GB/T 50319—2013)	自2014年3月1日起施行	4.3.4
2.2.3	安全监理人员			
2.2.3-1	安全监理工程师不是具有工程类注册执业资格或中级及以上专业技术职称、2年及以上工程实践经验并经监理业务培训的人员	《建设工程监理规范》(GB/T 50319—2013)	自2014年3月1日起施行	2.0.8
2.2.3-2	安全监理员不是具有中专及以上学历并经过监理业务培训的人员	《建设工程监理规范》(GB/T 50319—2013)	自2014年3月1日起施行	2.0.9
2.2.3-3	项目监理机构调换安全监理工程师时,总监理工程师未书面通知建设单位	《建设工程监理规范》(GB/T 50319—2013)	自2014年3月1日起施行	3.1.4
2.2.4	安全费用			
2.2.4-1	监理单位未对施工单位落实安全防护、文明施工措施情况进行现场监理	《建筑工程安全防护、文明施工措施费用及使用管理规定》(建办[2005]89号)	自2005年9月1日起施行	第十条
2.2.5	施组、专项方案			
2.2.5-1	已审查的施工组织设计中的安全技术措施或专项施工方案不符合工程建设强制性标准	《建设工程安全生产管理条例》(中华人民共和国国务院令第393号)	自2004年2月1日起施行	第十四条
2.2.5-2	危险性较大工程专项施工方案未经总监理工程师签字后便实施	《建设工程安全生产管理条例》(中华人民共和国国务院令第393号)	自2004年2月1日起施行	第二十六条
2.2.5-3	对超过一定规模的危险性较大的分部分项工程的专项施工方案,项目监理机构未检查施工单位组织专家论证、审查的情况,以及是否附具安全验算结果	《建设工程监理规范》(GB/T 50319—2013)	自2014年3月1日起施行	5.5.3

续上表

条目代码	条 目 内 容	依　据	执 行 时 间	所在章节
2.2.5-4	项目监理机构未要求施工单位按已批准的专项施工方案组织施工	《建设工程监理规范》(GB/T 50319—2013)	自2014年3月1日起施行	5.5.3
2.2.5-5	项目监理机构未按要求巡视检查危险性较大的分部分项工程专项施工方案实施情况	《建设工程监理规范》(GB/T 50319—2013)	自2014年3月1日起施行	5.5.5
2.2.6	安全检查			
2.2.6-1	监理机构在巡视过程中,发现施工单位未按专项施工方案实施时,未及时签发监理通知单,要求施工单位按专项施工方案实施	《建设工程监理规范》(GB/T 50319—2013)	自2014年3月1日起施行	5.5.5
2.2.6-2	监理机构在监理过程中发现存在安全事故隐患,未要求施工单位及时进行整改	《建设工程监理规范》(GB/T 50319—2013)	自2014年3月1日起施行	5.5.6
2.2.6-3	监理机构发现重大隐患却未要求施工单位立即停工整改,并履行报告职责	《建设工程监理规范》(GB/T 50319—2013)	自2014年3月1日起施行	5.5.6
2.2.6-4	监理机构未根据法律法规、工程建设强制性标准,履行建设工程安全生产管理的监理职责	《建设工程监理规范》(GB/T 50319—2013)	自2014年3月1日起施行	5.5.1
2.2.7	监理日志			
2.2.7-1	监理工程师未按要求及时、认真填写监理日志	《建设工程监理规范》(GB/T 50319—2013)	自2014年3月1日起施行	3.2.3
2.2.8	特种设备、人员			
2.2.8-1	监理机构未按要求核查施工机械和设施的安全许可及验收手续	《建设工程监理规范》(GB/T 50319—2013)	自2014年3月1日起施行	5.5.2
2.2.8-2	监理机构未按要求审查特种作业人员、特种设备操作人员的持证上岗情况	《建设工程监理规范》(GB/T 50319—2013)	自2014年3月1日起施行	5.5.2
2.2.8-3	未对特种设备和其他机械设备进场进行审批	《公路水运工程"平安工地"考核评价标准》(交质监发〔2012〕679号)	自2012年12月5日起试行	表6
2.2.8-4	未对特种设备的安装(拆卸)告知、使用登记的相关资料的完整性、真实有效性进行审核	《深圳市交通建设工程特种设备安全管理办法》(深交〔2015〕508号)	自2015年12月1日起施行	第三十条

续上表

条目代码	条目内容	依据	执行时间	所在章节
2.2.8-5	未对特种设备的安装、拆卸全过程实施旁站监理,并做好旁站记录	《深圳市交通建设工程特种设备安全管理办法》(深交〔2015〕508号)	自2015年12月1日起施行	第三十条
2.2.9	监理资料报送			
2.2.9-1	监理单位未及时填报监理月报	《公路水运工程安全生产监督管理办法》(交通运输部令2017年第25号)	自2017年8月1日起施行	第三十一条
2.2.10	"平安工地"考评			
2.2.10-1	未制定"平安工地"建设方案,"平安工地"建设要求未落实到所有监理人员	《公路水运工程"平安工地"考核评价标准》(交质监发〔2012〕679号)	自2012年12月5日起试行	表6
2.2.10-2	未督促施工单位按照"平安工地"的建设方案及相关要求落实各项措施	《公路水运工程"平安工地"考核评价标准》(交质监发〔2012〕679号)	自2012年12月5日起试行	表6
2.3	施工单位			
2.3.1	安全行为			
2.3.1.1	安全组织机构			
2.3.1.1-1	施工单位未按法律、法规的要求设立安全生产管理机构	《建设工程安全生产管理条例》(中华人民共和国国务院令第393号)	自2004年2月1日起施行	第二十三条
2.3.1.1-2	施工现场未按每5000万元施工合同额配备一名的比例配备专职安全生产管理人员	《公路水运工程安全生产监督管理办法》(交通运输部令2017年第25号)	自2017年8月1日起施行	第二十一条
2.3.1.1-3	施工单位的"安管人员"员未取得安全生产考核合格证书上岗	《建筑施工企业主要负责人、项目负责人和专职安全生产管理人员安全生产管理规定》(建设部令第17号)	自2014年9月1日起施行	第五条
2.3.1.2	安全管理制度			
2.3.1.2-1	施工单位未按法律、法规要求建立健全安全生产责任制度、安全生产教育培训制度和安全技术交底制度	《建设工程安全生产管理条例》(中华人民共和国国务院令第393号)	自2004年2月1日起施行	第二十一条
2.3.1.2-2	施工单位未按法律、法规的要求制订安全生产规章制度和操作规程	《建设工程安全生产管理条例》(中华人民共和国国务院令第393号)	自2004年2月1日起施行	第二十一条
2.3.1.2-3	施工单位制定的安全生产责任制未明确各岗位的责任人员、责任范围和考核标准等内容	《中华人民共和国安全生产法》(中华人民共和国主席令第13号)	自2014年12月1日起施行	第十九条

续上表

条目代码	条目内容	依　据	执行时间	所在章节
2.3.1.2-4	制订的安全生产责任制、安全生产规章制度未有效落实	《中华人民共和国安全生产法》(中华人民共和国主席令第13号)	自2014年12月1日起施行	第十九条
2.3.1.3	安全费用			
2.3.1.3-1	未按要求建立健全工程项目安全生产费用提取、使用管理制度	《企业安全生产费用提取和使用管理办法》(财企〔2012〕16号)	自2012年2月14日起施行	第三十一条
2.3.1.3-2	未按要求编制年度安全费用提取和使用计划	《企业安全生产费用提取和使用管理办法》(财企〔2012〕16号)	自2012年2月14日起施行	第三十二条
2.3.1.4	施组、专项方案			
2.3.1.4-1	施工单位未在施工组织设计中编制安全技术措施和施工现场临时用电方案	《建设工程安全生产管理条例》(中华人民共和国国务院令第393号)	自2004年2月1日起施行	第二十六条
2.3.1.4-2	施工组织设计未经施工企业技术负责人审核、签认,且审批手续不齐全	《公路水运工程"平安工地"考核评价标准》(交质监发〔2012〕679号)	自2012年12月5日起试行	表3
2.3.1.4-3	对达到一定规模的危险性较大的分部分项工程未按要求编制专项施工方案	《建设工程安全生产管理条例》(中华人民共和国国务院令第393号)	自2004年2月1日起施行	第二十六条
2.3.1.4-4	编制的专项施工方案,未按要求附具安全验算结果	《建设工程安全生产管理条例》(中华人民共和国国务院令第393号)	自2004年2月1日起施行	第二十六条
2.3.1.4-5	危险性较大分部分项工程专项施工方案,未经施工单位技术负责人、总监理工程师签字后实施	《建设工程安全生产管理条例》(中华人民共和国国务院令第393号)	自2004年2月1日起施行	第二十六条
2.3.1.4-6	编制的专项施工方案,未按要求由专职安全生产管理人员进行现场监督	《建设工程安全生产管理条例》(中华人民共和国国务院令第393号)	自2004年2月1日起施行	第二十六条
2.3.1.4-7	对于超过一定规模的危险性较大的分部分项工程,施工单位未组织专家对专项施工方案论证、审查	《深圳市交通运输委员会危险性较大的分部分项工程安全管理实施细则》(深交〔2011〕320号)	自2011年4月9日起施行	第八条
2.3.1.5	特种设备、施工机具			
2.3.1.5-1	特种设备安装、修理、改造或拆卸前,未书面告知特种设备安全监管部门	《深圳经济特区特种设备安全条例》(深圳市人大常委会公告第137号)	自2014年1月1日起施行	第十三条

续上表

条目代码	条目内容	依据	执行时间	所在章节
2.3.1.5-2	特种设备未经验收合格,即投入使用	《建设工程安全生产管理条例》(中华人民共和国国务院令第393号)	自2004年2月1日起施行	第三十五条
2.3.1.5-3	特种设备在验收前未经有相应资质的检验检测机构监督检验合格	《建设工程安全生产管理条例》(中华人民共和国国务院令第393号)	自2004年2月1日起施行	第三十五条
2.3.1.5-4	特种设备投入使用前,使用单位未按国家有关规定向特种设备安全监管部门提交相关资料,并办理使用登记	《深圳经济特区特种设备安全条例》(深圳市人大常委会公告第137号)	自2014年1月1日起施行	第十七条
2.3.1.5-5	特种设备停用半年以上的,使用单位未事先向特种设备安全监管部门办理停用登记	《深圳经济特区特种设备安全条例》(深圳市人大常委会公告第137号)	自2014年1月1日起施行	第十七条
2.3.1.5-6	特种设备停用半年以上后重新启用,未经检验合格并办理再使用登记而投入使用	《深圳经济特区特种设备安全条例》(深圳市人大常委会公告第137号)	自2014年1月1日起施行	第十七条
2.3.1.5-7	未按要求建立并落实特种设备的维护保养和定期自行检查制度	《深圳经济特区特种设备安全条例》(深圳市人大常委会公告第137号)	自2014年1月1日起施行	第十九条
2.3.1.5-8	特种设备维护保养未委托依法取得许可的单位进行	《深圳经济特区特种设备安全条例》(深圳市人大常委会公告第137号)	自2014年1月1日起施行	第十九条
2.3.1.5-9	使用未经定期检验或者检验不合格的特种设备	《深圳经济特区特种设备安全条例》(深圳市人大常委会公告第137号)	自2014年1月1日起施行	第二十条
2.3.1.5-10	未按“一机一档”要求建立健全特种设备安全技术档案	《中华人民共和国特种设备安全法》(中华人民共和国主席令第4号)	自2014年1月1日起施行	第三十五条
2.3.1.5-11	施工机具未按要求定期进行检查、维修和保养,未建立相应的资料档案	《建设工程安全生产管理条例》(中华人民共和国国务院令第393号)	自2004年2月1日起施行	第三十四条
2.3.1.6	特种作业人员			
2.3.1.6-1	特种作业人员未持真实、有效的特种作业操作资格证书上岗作业	《建设工程安全生产管理条例》(中华人民共和国国务院令第393号)	自2004年2月1日起施行	第二十五条
2.3.1.6-2	特种设备作业人员未经经考核合格取得《特种设备作业人员证》,而从事相应的作业或者管理工作	《特种设备作业人员监督管理办法》(国家质监总局令第140号)	自2011年7月1日起施行	第二条

续上表

条目代码	条目内容	依据	执行时间	所在章节
2.3.1.7	安全检查			
2.3.1.7-1	专职安全生产管理人员未按要求对安全生产进行现场监督检查	《建设工程安全生产管理条例》(中华人民共和国国务院令第393号)	自2004年2月1日起施行	第二十三条
2.3.1.7-2	检查中发现存在安全事故隐患的,未及时向项目负责人、安全生产管理机构报告	《建设工程安全生产管理条例》(中华人民共和国国务院令第393号)	自2004年2月1日起施行	第二十三条
2.3.1.7-3	对安全检查中发现的违章指挥、违章操作,未立即制止	《建设工程安全生产管理条例》(中华人民共和国国务院令第393号)	自2004年2月1日起施行	第二十三条
2.3.1.7-4	未按要求建立健全生产安全事故隐患排查治理制度,并采取技术、管理措施,及时发现并消除事故隐患	《中华人民共和国安全生产法》(中华人民共和国主席令第13号)	自2014年12月1日起施行	第三十八条
2.3.1.8	安全教育、安全技术交底			
2.3.1.8-1	未对管理人员、作业人员进行每年至少一次的安全生产教育培训	《建设工程安全生产管理条例》(中华人民共和国国务院令第393号)	自2004年2月1日起施行	第三十六条
2.3.1.8-2	作业人员进入新的岗位或新的施工现场前,未按要求接受安全生产教育培训	《建设工程安全生产管理条例》(中华人民共和国国务院令第393号)	自2004年2月1日起施行	第三十七条
2.3.1.8-3	采用"四新"技术时,未对相应的作业人员进行安全生产教育培训	《建设工程安全生产管理条例》(中华人民共和国国务院令第393号)	自2004年2月1日起施行	第三十七条
2.3.1.8-4	未按要求建立健全安全生产教育和培训档案	《中华人民共和国安全生产法》(中华人民共和国主席令第13号)	自2014年12月1日起施行	第二十五条
2.3.1.8-5	未按要求对作业人员进行逐级的安全技术交底	《建设工程安全生产管理条例》(中华人民共和国国务院令第393号)	自2004年2月1日起施行	第二十七条
2.3.1.9	重大危险源			
2.3.1.9-1	未按要求书面告知危险岗位的操作规程和违章操作的危害	《建设工程安全生产管理条例》(中华人民共和国国务院令第393号)	自2004年2月1日起施行	第三十二条
2.3.1.9-2	未按要求对重大危险源登记建档,并进行定期检测、评估、监控	《中华人民共和国安全生产法》(中华人民共和国主席令第13号)	自2014年12月1日起施行	第三十七条
2.3.1.10	预案、演练			
2.3.1.10-1	未按要求制订生产安全事故应急救援预案	《建设工程安全生产管理条例》(中华人民共和国国务院令第393号)	自2004年2月1日起施行	第四十八条

续上表

条目代码	条目内容	依据	执行时间	所在章节
2.3.1.10-2	未按要求建立应急救援组织或配备应急救援人员,以及必要的应急救援器材、设备	《建设工程安全生产管理条例》(中华人民共和国国务院令第393号)	自2004年2月1日起施行	第四十八条
2.3.1.10-3	未按要求定期组织应急演练	《建设工程安全生产管理条例》(中华人民共和国国务院令第393号)	自2004年2月1日起施行	第四十八条
2.3.1.11	"平安工地"考评			
2.3.1.11-1	未按要求编制"平安工地"建设方案;"平安工地"建设要求未落实到一线工人	《公路水运工程"平安工地"考核评价标准》(交质监发〔2012〕679号)	自2012年12月5日起试行	表3
2.3.1.11-2	未按照"平安工地"考核评价要求定期开展自我考核评价	《公路水运工程"平安工地"考核评价标准》(交质监发〔2012〕679号)	自2012年12月5日起试行	表3
2.3.1.11-3	"平安工地"的考核评价资料不真实、不准确	《公路水运工程"平安工地"考核评价标准》(交质监发〔2012〕679号)	自2012年12月5日起试行	表3
2.3.1.12	安全防护用品			
2.3.1.12-1	采购、租赁的安全防护用品无生产(制造)许可证、产品合格证	《建设工程安全生产管理条例》(中华人民共和国国务院令第393号)	自2004年2月1日起施行	第三十四条
2.3.1.12-2	安全防护用品进入施工现场前未进行查验(报验)	《建设工程安全生产管理条例》(中华人民共和国国务院令第393号)	自2004年2月1日起施行	第三十四条
2.3.1.12-3	安全防护用品未按要求定期检查,并建立资料档案(台账)	《建设工程安全生产管理条例》(中华人名共和国国务院令第393号)	自2004年2月1日起施行	第三十四条
2.3.1.13	其他			
2.3.1.13-1	施工单位未按要求为施工现场从事危险作业的人员办理意外伤害保险	《建设工程安全生产管理条例》(中华人民共和国国务院令第393号)	自2004年2月1日起施行	第三十八条
2.3.1.13-2	城市市区内的建设工程,施工单位未按要求对施工现场实行封闭围挡	《建设工程安全生产管理条例》(中华人民共和国国务院令第393号)	自2004年2月1日起施行	第三十条
2.3.1.13-3	施工单位未按要求对因建设工程施工可能造成损害的毗邻建筑物、构筑物地下管线等采取专项防护措施	《建设工程安全生产管理条例》(中华人民共和国国务院令第393号)	自2004年2月1日起施行	第三十条
2.3.1.13-4	施工单位在尚未竣工的建筑物内设置员工集体宿舍	《建设工程安全生产管理条例》(中华人民共和国国务院令第393号)	自2004年2月1日起施行	第二十九条

续上表

条目代码	条 目 内 容	依　据	执 行 时 间	所在章节
2.3.1.13-5	施工现场使用的装配式活动房屋无产品合格证	《建设工程安全生产管理条例》(中华人民共和国国务院令第393号)	自2004年2月1日起施行	第二十九条
2.3.2	施工现场			
2.3.2.1	文明施工			
2.3.2.1.1	临时围挡			
2.3.2.1.1-1	围挡未采用彩钢板、砌体等硬质材料搭设	《施工现场临时建筑物技术规范》(JGJ/T 188—2009)	自2010年7月1日起施行	7.7.1
2.3.2.1.1-2	在软土地基上、深基坑影响范围内、城市主干道、流动人员较密集地区及高度超过2m的围挡未采用彩钢板	《施工现场临时建筑物技术规范》(JGJ/T 188—2009)	自2010年7月1日起施行	7.7.2
2.3.2.1.1-3	围挡未沿工地四周连续设置	《建筑施工安全检查标准》(JGJ 59—2011)	自2012年7月1日起施行	表3.0.3
2.3.2.1.1-4	围挡材料不坚固、不稳定、不整洁、不美观	《建筑施工安全检查标准》(JGJ 59—2011)	自2012年7月1日起施行	表3.0.3
2.3.2.1.1-5	一般路段的工地周围未设置高于1.8m的围挡	《建筑施工安全检查标准》(JGJ 59—2011)	自2012年7月1日起施行	表3.0.3
2.3.2.1.1-6	堆场的物品、弃土等紧靠围挡堆载,堆场离围挡的安全距离小于1m	《施工现场临时建筑物技术规范》(JGJ/T 188—2009)	自2010年7月1日起实施	11.1.2
2.3.2.1.2	封闭管理			
2.3.2.1.2-1	施工现场进出口未设置大门、门卫室	《建筑施工安全检查标准》(JGJ 59—2011)	自2012年7月1日起施行	表B.2
2.3.2.1.2-2	未建立门卫值守管理制度或未配备门卫值守人员	《建筑施工安全检查标准》(JGJ 59—2011)	自2012年7月1日起施行	表B.2
2.3.2.1.2-3	施工人员进入施工现场未佩戴工作卡	《建筑施工安全检查标准》(JGJ 59—2011)	自2012年7月1日起施行	表B.2
2.3.2.1.2-4	施工现场出入口未标有企业名称或标识	《建筑施工安全检查标准》(JGJ 59—2011)	自2012年7月1日起施行	表B.2
2.3.2.1.2-5	未设置车辆冲洗设施或有设置但未使用	《建筑施工安全检查标准》(JGJ 59—2011)	自2012年7月1日起施行	表B.2
2.3.2.1.3	施工场地			
2.3.2.1.3-1	施工现场主要道路及材料加工区地面未进行硬化处理	《建筑施工安全检查标准》(JGJ 59—2011)	自2012年7月1日起施行	表B.2
2.3.2.1.3-2	施工现场道路不畅通、路面不平整坚实	《建筑施工安全检查标准》(JGJ 59—2011)	自2012年7月1日起施行	表B.2

续上表

条目代码	条目内容	依据	执行时间	所在章节
2.3.2.1.3-3	施工现场未采取有效的防尘措施	《建筑施工安全检查标准》(JGJ 59—2011)	自2012年7月1日起施行	表B.2
2.3.2.1.3-4	施工现场未设置排水设施或排水不通畅、有积水	《建筑施工安全检查标准》(JGJ 59—2011)	自2012年7月1日起施行	表B.2
2.3.2.1.3-5	未采取防止泥浆、污水、废水污染环境措施	《建筑施工安全检查标准》(JGJ 59—2011)	自2012年7月1日起施行	表B.2
2.3.2.1.4	材料管理			
2.3.2.1.4-1	建筑材料、构件、料具未按总平面布局码放	《建筑施工安全检查标准》(JGJ 59—2011)	自2012年7月1日起施行	表B.2
2.3.2.1.4-2	材料码放不整齐、未标明名称、规格	《建筑施工安全检查标准》(JGJ 59—2011)	自2012年7月1日起施行	表B.2
2.3.2.1.4-3	施工现场材料存放未采取防火、防锈蚀、防雨措施	《建筑施工安全检查标准》(JGJ 59—2011)	自2012年7月1日起施行	表B.2
2.3.2.1.4-4	建筑物内施工垃圾的清运未使用器具或管道运输	《建筑施工安全检查标准》(JGJ 59—2011)	自2012年7月1日起施行	表B.2
2.3.2.1.4-5	易燃易爆物品未分类储藏在专用库房、未采取防火措施	《建筑施工安全检查标准》(JGJ 59—2011)	自2012年7月1日起施行	表B.2
2.3.2.1.5	临时设施			
2.3.2.1.5-1	施工作业区、材料存放区与办公、生活区未采取隔离措施	《建筑施工安全检查标准》(JGJ 59—2011)	自2012年7月1日起施行	表B.2
2.3.2.1.5-2	宿舍、办公用房防火等级不符合有关消防安全技术规范要求	《建筑施工安全检查标准》(JGJ 59—2011)	自2012年7月1日起施行	表B.2
2.3.2.1.5-3	在建工程、伙房、库房兼做住宿;宿舍未设置可开启式窗户	《建筑施工安全检查标准》(JGJ 59—2011)	自2012年7月1日起施行	表B.2
2.3.2.1.5-4	宿舍未设置床铺、床铺超过2层或通道宽度小于0.9m	《建筑施工安全检查标准》(JGJ 59—2011)	自2012年7月1日起施行	表B.2
2.3.2.1.5-5	宿舍人均面积或人员数量不符合规范要求	《建筑施工安全检查标准》(JGJ 59—2011)	自2012年7月1日起施行	表B.2
2.3.2.1.5-6	冬季宿舍内未设置取暖和防一氧化碳中毒措施	《建筑施工安全检查标准》(JGJ 59—2011)	自2012年7月1日起施行	表B.2
2.3.2.1.5-7	夏季宿舍内未采取防暑降温和防蚊蝇措施	《建筑施工安全检查标准》(JGJ 59—2011)	自2012年7月1日起施行	表B.2
2.3.2.1.5-8	生活用品摆放混乱、环境卫生不符合要求	《建筑施工安全检查标准》(JGJ 59—2011)	自2012年7月1日起施行	表B.2

续上表

条目代码	条 目 内 容	依 据	执 行 时 间	所在章节
2.3.2.1.5-9	食堂与厕所、垃圾站、有毒有害场所的距离不符合规范要求	《建筑施工安全检查标准》(JGJ 59—2011)	自2012年7月1日起施行	表B.2
2.3.2.1.5-10	食堂未办理卫生许可证或未办理炊事人员健康证	《建筑施工安全检查标准》(JGJ 59—2011)	自2012年7月1日起施行	表B.2
2.3.2.1.5-11	食堂使用的燃气罐未单独设置存放间或存放间通风条件不良	《建筑施工安全检查标准》(JGJ 59—2011)	自2012年7月1日起施行	表B.2
2.3.2.1.5-12	食堂未配备排风、冷藏、消毒、防鼠、防蚊蝇等设施	《建筑施工安全检查标准》(JGJ 59—2011)	自2012年7月1日起施行	表B.2
2.3.2.1.5-13	厕所内的设施数量和布局不符合规范要求;厕所卫生未达到规定要求	《建筑施工安全检查标准》(JGJ 59—2011)	自2012年7月1日起施行	表B.2
2.3.2.1.5-14	不能保证现场人员卫生饮水	《建筑施工安全检查标准》(JGJ 59—2011)	自2012年7月1日起施行	表B.2
2.3.2.1.5-15	生活垃圾未装容器或未及时清理	《建筑施工安全检查标准》(JGJ 59—2011)	自2012年7月1日起施行	表B.2
2.3.2.1.5-16	未设置淋浴室或淋浴室不能满足现场人员需求	《建筑施工安全检查标准》(JGJ 59—2011)	自2012年7月1日起施行	表B.2
2.3.2.1.5-17	生产区、生活区、办公区未分开设置,且未采取相应的隔离措施	《施工现场临时建筑物技术规范》(JGJ/T 188—2009)	自2010年7月1日起实施	4.2.1
2.3.2.1.5-18	生产区、生活区、办公区未设置导向、警示、定位和宣传等标识	《施工现场临时建筑物技术规范》(JGJ/T 188—2009)	自2010年7月1日起实施	4.2.1
2.3.2.1.5-19	办公区、生活区设置于建筑物的坠落半径和塔吊等机械作业半径之内	《施工现场临时建筑物技术规范》(JGJ/T 188—2009)	自2010年7月1日起实施	4.2.2
2.3.2.1.5-20	临建与架空明设的用电线路之间未保持安全距离	《施工现场临时建筑物技术规范》(JGJ/T 188—2009)	自2010年7月1日起实施	4.2.3
2.3.2.1.5-21	临时建筑建造在易发生滑坡、坍塌、泥石流、山洪等危险地段和低洼积水区域,未避开水源保护区、水库泄洪区、水库下游地段、强风口和危房影响范围	《施工现场临时建筑物技术规范》(JGJ/T 188—2009)	自2010年7月1日起实施	4.1.1
2.3.2.1.5-22	临时建筑建造在河沟、高边坡、深基坑边时,未采取结构加强措施	《施工现场临时建筑物技术规范》(JGJ/T 188—2009)	自2010年7月1日起实施	4.1.2

续上表

条目代码	条目内容	依据	执行时间	所在章节
2.3.2.1.5-23	临时建筑物周边排水不通畅、积水	《施工现场临时建筑物技术规范》(JGJ/T 188—2009)	自2010年7月1日起实施	5.1.9
2.3.2.1.5-24	生活区内存放易燃、易爆、剧毒、放射源等危险化学物品	《施工现场临时建筑物技术规范》(JGJ/T 188—2009)	自2010年7月1日起实施	11.1.8
2.3.2.1.6	消防安全			
2.3.2.1.6-1	施工现场未制订消防安全管理制度、消防措施	《建筑施工安全检查标准》(JGJ 59—2011)	自2012年7月1日起施行	表B.2
2.3.2.1.6-2	施工现场的临时用房和作业场所的防火设计不符合规范要求	《建筑施工安全检查标准》(JGJ 59—2011)	自2012年7月1日起施行	表B.2
2.3.2.1.6-3	施工现场消防通道、消防水源的设置不符合规范要求	《建筑施工安全检查标准》(JGJ 59—2011)	自2012年7月1日起施行	表B.2
2.3.2.1.6-4	施工现场灭火器材布局、配置不合理或灭火器材失效	《建筑施工安全检查标准》(JGJ 59—2011)	自2012年7月1日起施行	表B.2
2.3.2.1.6-5	动火作业未办理动火审批手续或未指定动火监护人员	《建筑施工安全检查标准》(JGJ 59—2011)	自2012年7月1日起施行	表B.2
2.3.2.1.6-6	安全疏散通道、安全出口和消防车通道不畅通	《消防监督检查规定》(公安部令第120号)	自2012年11月1日起施行	第九条
2.3.2.1.6-7	消防设施、器材和消防安全标志未定期组织维修保养;损坏或已失效	《消防监督检查规定》(公安部令第120号)	自2012年11月1日起施行	第十条
2.3.2.1.6-8	施工现场人员宿舍、办公用房的建筑构件燃烧性能、安全疏散不符合消防技术标准	《消防监督检查规定》(公安部令第120号)	自2012年11月1日起施行	第13条
2.3.2.1.6-9	未按要求制定消防安全制度、灭火和应急疏散预案	《消防监督检查规定》(公安部令第120号)	自2012年11月1日起施行	第三十一条
2.3.2.1.6-10	未按要求组织防火检查、消防演练和员工消防安全教育培训	《消防监督检查规定》(公安部令第120号)	自2012年11月1日起施行	第三十一条
2.3.2.1.7	标志标牌			
2.3.2.1.7-1	交通要道、重要作业场所,危险区域未按要求设置安全警示标志、标牌	《公路水运工程"平安工地"考核评价标准》(交质监发〔2012〕679号)	自2012年12月5日起试行	表5
2.3.2.1.7-2	未在施工现场醒目位置设置施工铭牌	《公路水运工程"平安工地"考核评价标准》(交质监发〔2012〕679号)	自2012年12月5日起试行	表5

续上表

条目代码	条目内容	依据	执行时间	所在章节
2.3.2.1.7-3	大门口及有重大危险源作业点未按要求设置重大危险源公示牌	《公路水运工程“平安工地”考核评价标准》(交质监发〔2012〕679号)	自2012年12月5日起试行	表5
2.3.2.1.7-4	未在出入口大门门侧醒目处悬挂“八牌一图”	《公路水运工程“平安工地”考核评价标准》(交质监发〔2012〕679号)	自2012年12月5日起试行	表5
2.3.2.1.7-5	大门口处设置的公示标牌内容不齐全	《建筑施工安全检查标准》(JGJ 59—2011)	自2012年7月1日起施行	表B.2
2.3.2.1.7-6	标牌不规范、不整齐	《建筑施工安全检查标准》(JGJ 59—2011)	自2012年7月1日起施行	表B.2
2.3.2.1.7-7	未设置安全标语	《建筑施工安全检查标准》(JGJ 59—2011)	自2012年7月1日起施行	表B.2
2.3.2.1.7-8	未设置宣传栏、读报栏、黑板报	《建筑施工安全检查标准》(JGJ 59—2011)	自2012年7月1日起施行	表B.2
2.3.2.1.8	其他			
2.3.2.1.8-1	未经许可进行夜间施工	《建筑施工安全检查标准》(JGJ 59—2011)	自2012年7月1日起施行	表B.2
2.3.2.1.8-2	施工现场焚烧各类废弃物	《建筑施工安全检查标准》(JGJ 59—2011)	自2012年7月1日起施行	表B.2
2.3.2.1.8-3	施工现场未制定防粉尘、防噪声、防强光污染等措施	《建筑施工安全检查标准》(JGJ 59—2011)	自2012年7月1日起施行	表B.2
2.3.2.1.8-4	未制定防施工扰民措施	《建筑施工安全检查标准》(JGJ 59—2011)	自2012年7月1日起施行	表B.2
2.3.2.1.8-5	施工现场未按要求配备常用药品及急救器材	《公路水运工程“平安工地”考核评价标准》(交质监发〔2012〕679号)	自2012年12月5日起试行	表5
2.3.2.2	脚手架工程			
2.3.2.2.1	扣件式钢管脚手架			
2.3.2.2.1-1	脚手架立杆基础不平、不实、不符合专项施工方案要求	《建筑施工安全检查标准》(JGJ 59—2011)	自2012年7月1日起施行	3.3.3
2.3.2.2.1-2	脚手架立杆底部缺少底座、垫板或垫板的规格不符合规范要求	《建筑施工安全检查标准》(JGJ 59—2011)	自2012年7月1日起施行	3.3.3
2.3.2.2.1-3	脚手架未按规范要求设置纵、横向扫地杆	《建筑施工安全检查标准》(JGJ 59—2011)	自2012年7月1日起施行	3.3.3
2.3.2.2.1-4	脚手架扫地杆的设置和固定不符合规范要求	《建筑施工安全检查标准》(JGJ 59—2011)	自2012年7月1日起施行	3.3.3

续上表

条目代码	条 目 内 容	依 据	执 行 时 间	所在章节
2.3.2.2.1-5	脚手架基础未采取排水措施	《建筑施工安全检查标准》(JGJ 59—2011)	自2012年7月1日起施行	3.3.3
2.3.2.2.1-6	脚手架立杆、纵向水平杆、横向水平杆间距超过设计或规范要求	《建筑施工安全检查标准》(JGJ 59—2011)	自2012年7月1日起施行	3.3.3
2.3.2.2.1-7	脚手架未按规定设置纵向剪刀撑或横向斜撑	《建筑施工安全检查标准》(JGJ 59—2011)	自2012年7月1日起施行	3.3.3
2.3.2.2.1-8	脚手架剪刀撑未沿脚手架高度连续设置或角度不符合规范要求	《建筑施工安全检查标准》(JGJ 59—2011)	自2012年7月1日起施行	3.3.3
2.3.2.2.1-9	脚手架剪刀撑斜杆的接长或剪刀撑斜杆与架体杆件固定不符合规范要求	《建筑施工安全检查标准》(JGJ 59—2011)	自2012年7月1日起施行	3.3.3
2.3.2.2.1-10	脚手板未满铺或铺设不牢、不稳	《建筑施工安全检查标准》(JGJ 59—2011)	自2012年7月1日起施行	3.3.3
2.3.2.2.1-11	脚手板规格或材质不符合规范要求	《建筑施工安全检查标准》(JGJ 59—2011)	自2012年7月1日起施行	3.3.3
2.3.2.2.1-12	脚手架架体外侧未设置密目式安全网封闭或网间连接不严	《建筑施工安全检查标准》(JGJ 59—2011)	自2012年7月1日起施行	3.3.3
2.3.2.2.1-13	脚手架作业层防护栏杆不符合规范要求	《建筑施工安全检查标准》(JGJ 59—2011)	自2012年7月1日起施行	3.3.3
2.3.2.2.1-14	脚手架作业层未设置高度不小于180mm的挡脚板	《建筑施工安全检查标准》(JGJ 59—2011)	自2012年7月1日起施行	3.3.3
2.3.2.2.1-15	脚手架架体搭设前未进行交底或交底没有文字记录	《建筑施工安全检查标准》(JGJ 59—2011)	自2012年7月1日起施行	3.3.3
2.3.2.2.1-16	脚手架架体分段搭设、分段使用未进行分段验收	《建筑施工安全检查标准》(JGJ 59—2011)	自2012年7月1日起施行	3.3.3
2.3.2.2.1-17	脚手架架体搭设完毕未办理验收手续	《建筑施工安全检查标准》(JGJ 59—2011)	自2012年7月1日起施行	3.3.3
2.3.2.2.1-18	脚手架验收内容未进行量化,或未经责任人签字确认	《建筑施工安全检查标准》(JGJ 59—2011)	自2012年7月1日起施行	3.3.3
2.3.2.2.1-19	脚手架未在立杆与纵向水平杆交点处设置横向水平杆	《建筑施工安全检查标准》(JGJ 59—2011)	自2012年7月1日起施行	3.3.4
2.3.2.2.1-20	脚手架未按脚手板铺设的需要增加设置横向水平杆	《建筑施工安全检查标准》(JGJ 59—2011)	自2012年7月1日起施行	3.3.4

续上表

条目代码	条目内容	依据	执行时间	所在章节
2.3.2.2.1-21	双排脚手架横向水平杆只固定一端	《建筑施工安全检查标准》(JGJ 59—2011)	自2012年7月1日起施行	3.3.4
2.3.2.2.1-22	脚手架纵向水平杆搭接长度小于1m或固定不符合要求	《建筑施工安全检查标准》(JGJ 59—2011)	自2012年7月1日起施行	3.3.4
2.3.2.2.1-23	脚手架立杆除顶层顶步外采用搭接	《建筑施工安全检查标准》(JGJ 59—2011)	自2012年7月1日起施行	3.3.4
2.3.2.2.1-24	脚手架杆件对接扣件的布置不符合规范要求	《建筑施工安全检查标准》(JGJ 59—2011)	自2012年7月1日起施行	3.3.4
2.3.2.2.1-25	脚手架扣件紧固力矩小于40N·m或大于65N·m	《建筑施工安全检查标准》(JGJ 59—2011)	自2012年7月1日起施行	3.3.4
2.3.2.2.1-26	脚手架作业层脚手板下未采用安全平网兜底或作业层以下每隔10m未采用安全平网封闭	《建筑施工安全检查标准》(JGJ 59—2011)	自2012年7月1日起施行	3.3.4
2.3.2.2.1-27	脚手架钢管直径、壁厚、材质不符合要求	《建筑施工安全检查标准》(JGJ 59—2011)	自2012年7月1日起施行	3.3.4
2.3.2.2.1-28	脚手架钢管弯曲、变形、锈蚀严重	《建筑施工安全检查标准》(JGJ 59—2011)	自2012年7月1日起施行	3.3.4
2.3.2.2.1-29	脚手架扣件未进行复试或技术性能不符合标准	《建筑施工安全检查标准》(JGJ 59—2011)	自2012年7月1日起施行	3.3.4
2.3.2.2.1-30	脚手架未设置人员上下专用通道	《建筑施工安全检查标准》(JGJ 59—2011)	自2012年7月1日起施行	3.3.4
2.3.2.2.1-31	脚手架通道设置不符合要求	《建筑施工安全检查标准》(JGJ 59—2011)	自2012年7月1日起施行	3.3.4
2.3.2.2.2	门式脚手架			
2.3.2.2.2-1	脚手架架体基础不平、不实，不符合专项施工方案要求	《建筑施工安全检查标准》(JGJ 59—2011)	自2012年7月1日起施行	3.5.3
2.3.2.2.2-2	脚手架架体底部未设置垫板或垫板的规格不符合要求	《建筑施工安全检查标准》(JGJ 59—2011)	自2012年7月1日起施行	3.5.3
2.3.2.2.2-3	脚手架架体底部未按规范要求设置底座	《建筑施工安全检查标准》(JGJ 59—2011)	自2012年7月1日起施行	3.5.3
2.3.2.2.2-4	脚手架架体底部未按规范要求设置扫地杆	《建筑施工安全检查标准》(JGJ 59—2011)	自2012年7月1日起施行	3.5.3
2.3.2.2.2-5	脚手架基础未采取排水措施	《建筑施工安全检查标准》(JGJ 59—2011)	自2012年7月1日起施行	3.5.3

续上表

条目代码	条目内容	依据	执行时间	所在章节
2.3.2.2.2-6	未按规范要求设置剪刀撑	《建筑施工安全检查标准》(JGJ 59—2011)	自2012年7月1日起施行	3.5.3
2.3.2.2.2-7	门架立杆垂直偏差超过规范要求	《建筑施工安全检查标准》(JGJ 59—2011)	自2012年7月1日起施行	3.5.3
2.3.2.2.2-8	交叉支撑的设置不符合规范要求	《建筑施工安全检查标准》(JGJ 59—2011)	自2012年7月1日起施行	3.5.3
2.3.2.2.2-9	未按规定组装或漏装杆件、锁臂	《建筑施工安全检查标准》(JGJ 59—2011)	自2012年7月1日起施行	3.5.3
2.3.2.2.2-10	未按规范要求设置纵向水平加固杆	《建筑施工安全检查标准》(JGJ 59—2011)	自2012年7月1日起施行	3.5.3
2.3.2.2.2-11	扣件与连接的杆件参数不匹配	《建筑施工安全检查标准》(JGJ 59—2011)	自2012年7月1日起施行	3.5.3
2.3.2.2.2-12	脚手板未满铺或铺设不牢、不稳	《建筑施工安全检查标准》(JGJ 59—2011)	自2012年7月1日起施行	3.5.3
2.3.2.2.2-13	脚手板规格或材质不符合要求	《建筑施工安全检查标准》(JGJ 59—2011)	自2012年7月1日起施行	3.5.3
2.3.2.2.2-14	采用挂扣式钢脚手板时挂钩未挂扣在横向水平杆上或挂钩未处于锁住状态	《建筑施工安全检查标准》(JGJ 59—2011)	自2012年7月1日起施行	3.5.3
2.3.2.2.2-15	架体搭设前未进行交底或交底无文字记录	《建筑施工安全检查标准》(JGJ 59—2011)	自2012年7月1日起施行	3.5.3
2.3.2.2.2-16	架体分段搭设、分段使用未进行分段验收	《建筑施工安全检查标准》(JGJ 59—2011)	自2012年7月1日起施行	3.5.3
2.3.2.2.2-17	架体搭设完毕未办理验收手续	《建筑施工安全检查标准》(JGJ 59—2011)	自2012年7月1日起施行	3.5.3
2.3.2.2.2-18	验收内容未进行量化,或未经责任人签字确认	《建筑施工安全检查标准》(JGJ 59—2011)	自2012年7月1日起施行	3.5.3
2.3.2.2.2-19	作业层防护栏杆不符合规范要求	《建筑施工安全检查标准》(JGJ 59—2011)	自2012年7月1日起施行	3.5.4
2.3.2.2.2-20	作业层未设置高度不小于180mm的挡脚板	《建筑施工安全检查标准》(JGJ 59—2011)	自2012年7月1日起施行	3.5.4
2.3.2.2.2-21	脚手架外侧未设置密目式安全网封闭或网间连接不严	《建筑施工安全检查标准》(JGJ 59—2011)	自2012年7月1日起施行	3.5.4
2.3.2.2.2-22	作业层脚手板下未采用安全平网兜底或作业层以下每隔10m未采用安全平网封闭	《建筑施工安全检查标准》(JGJ 59—2011)	自2012年7月1日起施行	3.5.4

续上表

条目代码	条目内容	依　据	执行时间	所在章节
2.3.2.2.2-23	杆件变形、锈蚀严重	《建筑施工安全检查标准》(JGJ 59—2011)	自2012年7月1日起施行	3.5.4
2.3.2.2.2-24	门架局部开焊	《建筑施工安全检查标准》(JGJ 59—2011)	自2012年7月1日起施行	3.5.4
2.3.2.2.2-25	构配件的规格、型号、材质或产品质量不符合规范要求	《建筑施工安全检查标准》(JGJ 59—2011)	自2012年7月1日起施行	3.5.4
2.3.2.2.2-26	荷载堆放不均匀	《建筑施工安全检查标准》(JGJ 59—2011)	自2012年7月1日起施行	3.5.4
2.3.2.2.2-27	施工荷载超过设计规定	《建筑施工安全检查标准》(JGJ 59—2011)	自2012年7月1日起施行	3.5.4
2.3.2.2.2-28	未设置人员上下专用通道	《建筑施工安全检查标准》(JGJ 59—2011)	自2012年7月1日起施行	3.5.4
2.3.2.2.2-29	通道设置不符合要求	《建筑施工安全检查标准》(JGJ 59—2011)	自2012年7月1日起施行	3.5.4
2.3.2.2.3	碗扣式钢管脚手架			
2.3.2.2.3-1	立杆基础不平、不实、不符合专项施工方案要求	《建筑施工安全检查标准》(JGJ 59—2011)	自2012年7月1日起施行	3.6.3
2.3.2.2.3-2	立杆底部缺少底座、垫板或垫板的规格不符合规范要求	《建筑施工安全检查标准》(JGJ 59—2011)	自2012年7月1日起施行	3.6.3
2.3.2.2.3-3	未按规范要求设置纵、横向扫地杆	《建筑施工安全检查标准》(JGJ 59—2011)	自2012年7月1日起施行	3.6.3
2.3.2.2.3-4	扫地杆的设置和固定不符合规范要求	《建筑施工安全检查标准》(JGJ 59—2011)	自2012年7月1日起施行	3.6.3
2.3.2.2.3-5	未采取排水措施	《建筑施工安全检查标准》(JGJ 59—2011)	自2012年7月1日起施行	3.6.3
2.3.2.2.3-6	立杆、纵向水平杆、横向水平杆间距超过设计或规范要求	《建筑施工安全检查标准》(JGJ 59—2011)	自2012年7月1日起施行	3.6.3
2.3.2.2.3-7	未按规定设置纵向剪刀撑或横向斜撑	《建筑施工安全检查标准》(JGJ 59—2011)	自2012年7月1日起施行	3.6.3
2.3.2.2.3-8	剪刀撑未沿脚手架高度连续设置或角度不符合规范要求	《建筑施工安全检查标准》(JGJ 59—2011)	自2012年7月1日起施行	3.6.3
2.3.2.2.3-9	剪刀撑斜杆的接长或剪刀撑斜杆与架体杆件固定不符合规范要求	《建筑施工安全检查标准》(JGJ 59—2011)	自2012年7月1日起施行	3.6.3
2.3.2.2.3-10	脚手板未满铺或铺设不牢、不稳	《建筑施工安全检查标准》(JGJ 59—2011)	自2012年7月1日起施行	3.6.3

续上表

条目代码	条目内容	依据	执行时间	所在章节
2.3.2.2.3-11	脚手板规格或材质不符合规范要求	《建筑施工安全检查标准》（JGJ 59—2011）	自2012年7月1日起施行	3.6.3
2.3.2.2.3-12	没有一处探头板	《建筑施工安全检查标准》（JGJ 59—2011）	自2012年7月1日起施行	3.6.3
2.3.2.2.3-13	架体外侧未设置密目式安全网封闭或网间连接不严	《建筑施工安全检查标准》（JGJ 59—2011）	自2012年7月1日起施行	3.6.3
2.3.2.2.3-14	作业层防护栏杆不符合规范要求	《建筑施工安全检查标准》（JGJ 59—2011）	自2012年7月1日起施行	3.6.3
2.3.2.2.3-15	作业层未设置高度不小于180mm的挡脚板	《建筑施工安全检查标准》（JGJ 59—2011）	自2012年7月1日起施行	3.6.3
2.3.2.2.3-16	架体搭设前未进行交底或交底未有文字记录	《建筑施工安全检查标准》（JGJ 59—2011）	自2012年7月1日起施行	3.6.3
2.3.2.2.3-17	架体分段搭设、分段使用未进行分段验收	《建筑施工安全检查标准》（JGJ 59—2011）	自2012年7月1日起施行	3.6.3
2.3.2.2.3-18	架体搭设完毕未办理验收手续	《建筑施工安全检查标准》（JGJ 59—2011）	自2012年7月1日起施行	3.6.3
2.3.2.2.3-19	验收内容未进行量化，或未经责任人签字确认	《建筑施工安全检查标准》（JGJ 59—2011）	自2012年7月1日起施行	3.6.3
2.3.2.2.3-20	未在立杆与纵向水平杆交点处设置横向水平杆	《建筑施工安全检查标准》（JGJ 59—2011）	自2012年7月1日起施行	3.6.4
2.3.2.2.3-21	未按脚手板铺设的需要增加设置横向水平杆	《建筑施工安全检查标准》（JGJ 59—2011）	自2012年7月1日起施行	3.6.4
2.3.2.2.3-22	双排脚手架横向水平杆只固定一端	《建筑施工安全检查标准》（JGJ 59—2011）	自2012年7月1日起施行	3.6.4
2.3.2.2.3-23	单排脚手架横向水平杆插入墙内小于180mm	《建筑施工安全检查标准》（JGJ 59—2011）	自2012年7月1日起施行	3.6.4
2.3.2.2.3-24	纵向水平杆搭接长度小于1m或固定不符合要求	《建筑施工安全检查标准》（JGJ 59—2011）	自2012年7月1日起施行	3.6.4
2.3.2.2.3-25	立杆除顶层顶步外采用搭接	《建筑施工安全检查标准》（JGJ 59—2011）	自2012年7月1日起施行	3.6.4
2.3.2.2.3-26	扣件紧固力矩小于40N·m或大于65N·m	《建筑施工安全检查标准》（JGJ 59—2011）	自2012年7月1日起施行	3.6.4
2.3.2.2.3-27	作业层脚手板下未采用安全平网兜底或作业层以下每隔10m未采用安全平网封闭	《建筑施工安全检查标准》（JGJ 59—2011）	自2012年7月1日起施行	3.6.4

续上表

条目代码	条目内容	依据	执行时间	所在章节
2.3.2.2.3-28	作业层与建筑物之间未按规定进行封闭	《建筑施工安全检查标准》(JGJ 59—2011)	自2012年7月1日起施行	3.6.4
2.3.2.2.3-29	钢管直径、壁厚、材质不符合要求	《建筑施工安全检查标准》(JGJ 59—2011)	自2012年7月1日起施行	3.6.4
2.3.2.2.3-30	钢管弯曲、变形、锈蚀严重	《建筑施工安全检查标准》(JGJ 59—2011)	自2012年7月1日起施行	3.6.4
2.3.2.2.3-31	扣件未进行复试或技术性能不符合标准	《建筑施工安全检查标准》(JGJ 59—2011)	自2012年7月1日起施行	3.6.4
2.3.2.2.3-32	未设置人员上下专用通道	《建筑施工安全检查标准》(JGJ 59—2011)	自2012年7月1日起施行	3.6.4
2.3.2.2.3-33	通道设置不符合要求	《建筑施工安全检查标准》(JGJ 59—2011)	自2012年7月1日起施行	3.6.4
2.3.2.2.4	满堂支架(模板支架)			
2.3.2.2.4-1	架体基础不平、不实、不符合专项施工方案要求	《建筑施工安全检查标准》(JGJ 59—2011)	自2012年7月1日起施行	3.10.3
2.3.2.2.4-2	架体底部未设置垫板或垫板的规格不符合规范要求	《建筑施工安全检查标准》(JGJ 59—2011)	自2012年7月1日起施行	3.10.3
2.3.2.2.4-3	架体底部未按规范要求设置底座	《建筑施工安全检查标准》(JGJ 59—2011)	自2012年7月1日起施行	3.10.3
2.3.2.2.4-4	架体底部未按规范要求设置扫地杆	《建筑施工安全检查标准》(JGJ 59—2011)	自2012年7月1日起施行	3.10.3
2.3.2.2.4-5	未采取排水措施	《建筑施工安全检查标准》(JGJ 59—2011)	自2012年7月1日起施行	3.10.3
2.3.2.2.4-6	架体四周与中间未按规范要求设置竖向剪刀撑或专用斜杆	《建筑施工安全检查标准》(JGJ 59—2011)	自2012年7月1日起施行	3.10.3
2.3.2.2.4-7	按规范要求设置水平剪刀撑或专用水平斜杆	《建筑施工安全检查标准》(JGJ 59—2011)	自2012年7月1日起施行	3.10.3
2.3.2.2.4-8	架体高宽比超过规范要求时未采取与结构拉结或其他可靠的稳定措施	《建筑施工安全检查标准》(JGJ 59—2011)	自2012年7月1日起施行	3.10.3
2.3.2.2.4-9	架体立杆间距、水平杆步距超过设计和规范要求	《建筑施工安全检查标准》(JGJ 59—2011)	自2012年7月1日起施行	3.10.3
2.3.2.2.4-10	杆件接长不符合要求	《建筑施工安全检查标准》(JGJ 59—2011)	自2012年7月1日起施行	3.10.3

续上表

条目代码	条目内容	依据	执行时间	所在章节
2.3.2.2.4-11	架体搭设不牢或杆件结点紧固不符合要求	《建筑施工安全检查标准》(JGJ 59—2011)	自2012年7月1日起施行	3.10.3
2.3.2.2.4-12	脚手板不满铺或铺设不牢、不稳	《建筑施工安全检查标准》(JGJ 59—2011)	自2012年7月1日起施行	3.10.3
2.3.2.2.4-13	脚手板规格或材质不符合要求	《建筑施工安全检查标准》(JGJ 59—2011)	自2012年7月1日起施行	3.10.3
2.3.2.2.4-14	采用挂扣式钢脚手板时挂钩未挂扣在水平杆上或挂钩未处于锁住状态	《建筑施工安全检查标准》(JGJ 59—2011)	自2012年7月1日起施行	3.10.3
2.3.2.2.4-15	架体搭设前未进行交底或交底无文字记录	《建筑施工安全检查标准》(JGJ 59—2011)	自2012年7月1日起施行	3.10.3
2.3.2.2.4-16	架体分段搭设、分段使用未进行分段验收	《建筑施工安全检查标准》(JGJ 59—2011)	自2012年7月1日起施行	3.10.3
2.3.2.2.4-17	架体搭设完毕未办理验收手续	《建筑施工安全检查标准》(JGJ 59—2011)	自2012年7月1日起施行	3.10.3
2.3.2.2.4-18	验收内容未进行量化,或未经责任人签字确认	《建筑施工安全检查标准》(JGJ 59—2011)	自2012年7月1日起施行	3.10.3
2.3.2.2.4-19	钢管、构配件的规格、型号、材质或产品质量不符合规范要求	《建筑施工安全检查标准》(JGJ 59—2011)	自2012年7月1日起施行	3.10.4
2.3.2.2.4-20	杆件弯曲、变形、锈蚀严重	《建筑施工安全检查标准》(JGJ 59—2011)	自2012年7月1日起施行	3.10.4
2.3.2.2.4-21	架体的施工荷载超过设计和规范要求	《建筑施工安全检查标准》(JGJ 59—2011)	自2012年7月1日起施行	3.10.4
2.3.2.2.4-22	荷载堆放不均匀	《建筑施工安全检查标准》(JGJ 59—2011)	自2012年7月1日起施行	3.10.4
2.3.2.2.4-23	未设置人员上下专用通道	《建筑施工安全检查标准》(JGJ 59—2011)	自2012年7月1日起施行	3.10.4
2.3.2.2.4-24	通道设置不符合要求	《建筑施工安全检查标准》(JGJ 59—2011)	自2012年7月1日起施行	3.10.4
2.3.2.2.4-25	支架使用前,未进行堆载预压	《公路工程施工安全技术规范》(JTG F90—2015)	自2015年5月1日起施行	5.2.5
2.3.2.2.4-26	支架的预压加载、卸载未按预压方案要求实施	《公路工程施工安全技术规范》(JTG F90—2015)	自2015年5月1日起施行	5.2.5
2.3.2.2.4-27	支架预压的加载材料未采取相应的防水措施	《钢管满堂支架预压技术规程》(JGJ/T 194—2009)	自2010年7月1日起实施	3.0.5

续上表

条目代码	条目内容	依据	执行时间	所在章节
2.3.2.3	模板工程			
2.3.2.3-1	模板安装前未对工人进行全面的安全技术交底	《建筑施工模板安全技术规范》(JGJ 162—2008)	自2008年12月1日起施行	6.1.1
2.3.2.3-2	竖向模板、支架立柱支撑部分落在基土上时,未加设垫板,且垫板未中心承载	《建筑施工模板安全技术规范》(JGJ 162—2008)	自2008年12月1日起实施	6.1.2
2.3.2.3-3	基土不坚实,无排水措施	《建筑施工模板安全技术规范》(JGJ 162—2008)	自2008年12月1日起实施	6.1.2
2.3.2.3-4	模板及其支架在安装过程中,未按要求设置有效防倾覆的临时固定措施	《建筑施工模板安全技术规范》(JGJ 162—2008)	自2008年12月1日起实施	6.1.2
2.3.2.3-5	钢管立柱底部未设垫木和底座,顶部未设可调支托	《建筑施工模板安全技术规范》(JGJ 162—2008)	自2008年12月1日起实施	6.1.9
2.3.2.3-6	U形支托的螺杆伸出钢管顶部大于200mm	《建筑施工模板安全技术规范》(JGJ 162—2008)	自2008年12月1日起实施	6.1.9
2.3.2.3-7	U形支托的螺杆外径与立柱钢管内劲的间隙大于3mm	《建筑施工模板安全技术规范》(JGJ 162—2008)	自2008年12月1日起实施	6.1.9
2.3.2.3-8	在立柱底距地面200mm处,未沿纵横水平方向按纵下横上的要求设置扫地杆	《建筑施工模板安全技术规范》(JGJ 162—2008)	自2008年12月1日起实施	6.1.9
2.3.2.3-9	可调支托底部的立杆顶端未沿纵横向设置一道水平拉杆	《建筑施工模板安全技术规范》(JGJ 162—2008)	自2008年12月1日起实施	6.1.9
2.3.2.3-10	模板支架中的钢管扫地杆、水平拉杆未采用对接方式连接	《建筑施工模板安全技术规范》(JGJ 162—2008)	自2008年12月1日起实施	6.1.9
2.3.2.3-11	模板支架中的钢管剪刀撑未采用搭接方式连接;搭接长度小于500mm,且未采用2个旋转扣件分别在离杆端不小于100mm处予以固定	《建筑施工模板安全技术规范》(JGJ 162—2008)	自2008年12月1日起实施	6.1.9
2.3.2.3-12	安装模板时,安装所需的各种配件散落于模板或脚手架上	《建筑施工模板安全技术规范》(JGJ 162—2008)	自2008年12月1日起实施	6.1.12
2.3.2.3-13	模板支架的立柱采用搭接方式连接	《建筑施工模板安全技术规范》(JGJ 162—2008)	自2008年12月1日起实施	6.2.4
2.3.2.3-14	立柱采用对接扣件连接,相邻两立柱的对接接头在同步内	《建筑施工模板安全技术规范》(JGJ 162—2008)	自2008年12月1日起实施	6.2.4

续上表

条目代码	条 目 内 容	依 据	执 行 时 间	所在章节
2.3.2.3-15	上段钢管立柱与下段钢管立柱错开固定在水平拉杆上	《建筑施工模板安全技术规范》(JGJ 162—2008)	自2008年12月1日起实施	6.2.4
2.3.2.3-16	支架立柱高度超过5m时，未在立柱周圈外侧、中间有结构柱的部位，按照水平间距6~9m、竖向间距2~3m与建筑机构设置固结点	《建筑施工模板安全技术规范》(JGJ 162—2008)	自2008年12月1日起实施	6.2.4
2.3.2.3-17	距离基槽(坑)上口边缘1m内堆放模板	《建筑施工模板安全技术规范》(JGJ 162—2008)	自2008年12月1日起实施	6.3.1
2.3.2.3-18	模板安装高度超过3.0m时，未按要求搭设脚手架	《建筑施工模板安全技术规范》(JGJ 162—2008)	自2008年12月1日起实施	6.1.13
2.3.2.3-19	吊运大块或整体模板时，竖向吊运少于2个吊点，水平吊运少于4个吊点	《建筑施工模板安全技术规范》(JGJ 162—2008)	自2008年12月1日起实施	6.1.14
2.3.2.3-20	吊运大块或整体模板时，吊运未使用卡环连接	《建筑施工模板安全技术规范》(JGJ 162—2008)	自2008年12月1日起实施	6.1.14
2.3.2.3-21	模板拆除作业时，未落实专人指挥	《建筑施工模板安全技术规范》(JGJ 162—2008)	自2008年12月1日起实施	7..1.7
2.3.2.3-22	模板拆除作业时，作业区未按要求设置围栏，未设置专人负责监护	《建筑施工模板安全技术规范》(JGJ 162—2008)	自2008年12月1日起实施	7..1.7
2.3.2.3-23	模板拆除作业时，拆下的模板、零配件随意抛掷	《建筑施工模板安全技术规范》(JGJ 162—2008)	自2008年12月1日起实施	7..1.7
2.3.2.3-24	作业时，脚手架或操作平台上临时堆放的模板超过3层	《建筑施工模板安全技术规范》(JGJ 162—2008)	自2008年12月1日起实施	8.0.7
2.3.2.3-25	钢模板高度超过15m时，未按要求设置避雷设施	《建筑施工模板安全技术规范》(JGJ 162—2008)	自2008年12月1日起实施	8.0.19
2.3.2.4	基坑工程			
2.3.2.4-1	基坑工程未编制专项施工方案	《建筑施工安全检查标准》(JGJ 59—2011)	自2012年7月1日起施行	3.11.3
2.3.2.4-2	专项施工方案未按规定审核、审批	《建筑施工安全检查标准》(JGJ 59—2011)	自2012年7月1日起施行	3.11.3
2.3.2.4-3	超过一定规模条件的基坑工程专项施工方案未按规定组织专家论证	《建筑施工安全检查标准》(JGJ 59—2011)	自2012年7月1日起施行	3.11.3
2.3.2.4-4	基坑周边环境或施工条件发生变化，专项施工方案未重新进行修订审核、审批	《建筑施工安全检查标准》(JGJ 59—2011)	自2012年7月1日起施行	3.11.3

续上表

条目代码	条 目 内 容	依 据	执 行 时 间	所在章节
2.3.2.4-5	人工开挖的狭窄基槽，开挖深度较大或存在边坡塌方危险未采取支护措施	《建筑施工安全检查标准》(JGJ 59—2011)	自2012年7月1日起施行	3.11.3
2.3.2.4-6	自然放坡的坡率不符合专项施工方案和规范要求	《建筑施工安全检查标准》(JGJ 59—2011)	自2012年7月1日起施行	3.11.3
2.3.2.4-7	基坑支护结构不符合设计要求	《建筑施工安全检查标准》(JGJ 59—2011)	自2012年7月1日起施行	3.11.3
2.3.2.4-8	支护结构水平位移达到设计报警值未采取有效控制措施	《建筑施工安全检查标准》(JGJ 59—2011)	自2012年7月1日起施行	3.11.3
2.3.2.4-9	基坑开挖深度范围内有地下水未采取有效的降排水措施	《建筑施工安全检查标准》(JGJ 59—2011)	自2012年7月1日起施行	3.11.3
2.3.2.4-10	基坑边沿周围地面未设排水沟或排水沟设置不符合规范要求	《建筑施工安全检查标准》(JGJ 59—2011)	自2012年7月1日起施行	3.11.3
2.3.2.4-11	放坡开挖对坡顶、坡面、坡脚未采取降排水措施	《建筑施工安全检查标准》(JGJ 59—2011)	自2012年7月1日起施行	3.11.3
2.3.2.4-12	基坑底四周未设排水沟和集水井或排除积水不及时	《建筑施工安全检查标准》(JGJ 59—2011)	自2012年7月1日起施行	3.11.3
2.3.2.4-13	支护结构未达到设计要求的强度提前开挖下层土方	《建筑施工安全检查标准》(JGJ 59—2011)	自2012年7月1日起施行	3.11.3
2.3.2.4-14	未按设计和施工方案的要求分层、分段开挖或开挖不均衡	《建筑施工安全检查标准》(JGJ 59—2011)	自2012年7月1日起施行	3.11.3
2.3.2.4-15	基坑开挖过程中未采取防止碰撞支护结构或工程桩的有效措施	《建筑施工安全检查标准》(JGJ 59—2011)	自2012年7月1日起施行	3.11.3
2.3.2.4-16	机械在软土场地作业，未采取铺设渣土、砂石等硬化措施	《建筑施工安全检查标准》(JGJ 59—2011)	自2012年7月1日起施行	3.11.3
2.3.2.4-17	基坑边堆置土、料具等荷载超过基坑支护设计允许要求	《建筑施工安全检查标准》(JGJ 59—2011)	自2012年7月1日起施行	3.11.3
2.3.2.4-18	施工机械与基坑边沿的安全距离不符合设计要求	《建筑施工安全检查标准》(JGJ 59—2011)	自2012年7月1日起施行	3.11.3
2.3.2.4-19	开挖深度2m及以上的基坑周边未按规范要求设置防护栏杆或栏杆设置不符合规范要求	《建筑施工安全检查标准》(JGJ 59—2011)	自2012年7月1日起施行	3.11.3
2.3.2.4-20	基坑内未设置供施工人员上下的专用梯道或梯道设置不符合规范要求	《建筑施工安全检查标准》(JGJ 59—2011)	自2012年7月1日起施行	3.11.4

续上表

条目代码	条目内容	依据	执行时间	所在章节
2.3.2.4-21	降水井口未设置防护盖板或围栏	《建筑施工安全检查标准》(JGJ 59—2011)	自2012年7月1日起施行	3.11.4
2.3.2.4-22	未按要求进行基坑工程监测	《建筑施工安全检查标准》(JGJ 59—2011)	自2012年7月1日起施行	3.11.4
2.3.2.4-23	基坑监测项目不符合设计和规范要求	《建筑施工安全检查标准》(JGJ 59—2011)	自2012年7月1日起施行	3.11.4
2.3.2.4-24	监测的时间间隔不符合监测方案要求或监测结果变化速率较大未加密观测次数	《建筑施工安全检查标准》(JGJ 59—2011)	自2012年7月1日起施行	3.11.4
2.3.2.4-25	基坑支撑结构的拆除方式、拆除顺序不符合专项施工方案要求	《建筑施工安全检查标准》(JGJ 59—2011)	自2012年7月1日起施行	3.11.4
2.3.2.4-26	机械拆除作业时,施工荷载大于支撑结构承载能力	《建筑施工安全检查标准》(JGJ 59—2011)	自2012年7月1日起施行	3.11.4
2.3.2.4-27	人工拆除作业时,未按规定设置防护设施	《建筑施工安全检查标准》(JGJ 59—2011)	自2012年7月1日起施行	3.11.4
2.3.2.4-28	采用非常规拆除方式不符合国家现行相关规范要求	《建筑施工安全检查标准》(JGJ 59—2011)	自2012年7月1日起施行	3.11.4
2.3.2.4-29	基坑内土方机械、施工人员的安全距离不符合规范要求	《建筑施工安全检查标准》(JGJ 59—2011)	自2012年7月1日起施行	3.11.4
2.3.2.4-30	上下垂直作业未采取防护措施	《建筑施工安全检查标准》(JGJ 59—2011)	自2012年7月1日起施行	3.11.4
2.3.2.4-31	在各种管线范围内挖土作业未设专人监护	《建筑施工安全检查标准》(JGJ 59—2011)	自2012年7月1日起施行	3.11.4
2.3.2.4-32	作业区光线不良	《建筑施工安全检查标准》(JGJ 59—2011)	自2012年7月1日起施行	3.11.4
2.3.2.5	高处作业			
2.3.2.5-1	高处作业时,上下同时交叉作业	《公路工程施工安全技术规范》(JTG F90—2015)	自2015年5月1日起施行	5.7.2
2.3.2.5-2	高处作业时,下方未按要求设置警戒区	《公路工程施工安全技术规范》(JTG F90—2015)	自2015年5月1日起施行	5.7.3
2.3.2.5-3	高处作业时,作业人员沿立杆、栏杆攀登	《公路工程施工安全技术规范》(JTG F90—2015)	自2015年5月1日起施行	5.7.4
2.3.2.5-4	高处作业场所临边未按要求设置安全防护栏杆、挂设密目式安全网	《公路工程施工安全技术规范》(JTG F90—2015)	自2015年5月1日起施行	5.7.5

续上表

条目代码	条目内容	依　据	执行时间	所在章节
2.3.2.5-5	高处作业场所的孔、洞未设置防护设施、警示标志	《公路工程施工安全技术规范》(JTG F90—2015)	自2015年5月1日起施行	5.7.6
2.3.2.5-6	自行搭设的人行塔梯的踏步高度大于20cm，且无防滑设施、安全护栏	《公路工程施工安全技术规范》(JTG F90—2015)	自2015年5月1日起施行	5.7.15
2.3.2.5-7	人行塔梯高度超过5m时，未设置连墙构件	《公路工程施工安全技术规范》(JTG F90—2015)	自2015年5月1日起施行	5.7.16
2.3.2.5-8	人行塔梯通往作业面通道的两侧未设置钢丝网封闭	《公路工程施工安全技术规范》(JTG F90—2015)	自2015年5月1日起施行	5.7.16
2.3.2.5-9	吊篮、工作台的脚手架未满铺、绑牢，有探头板情况	《公路工程施工安全技术规范》(JTG F90—2015)	自2015年5月1日起施行	5.7.20
2.3.2.5-10	脚手架的基础无防、排水设施	《公路工程施工安全技术规范》(JTG F90—2015)	自2015年5月1日起施行	5.7.23
2.3.2.5-11	脚手架的脚手板未满铺、固定的，且离结构物立面的距离大于0.15m	《公路工程施工安全技术规范》(JTG F90—2015)	自2015年5月1日起施行	5.7.28
2.3.2.5-12	脚手架拆除作业未按要求从上至下逐层拆除的；且连墙件未随架体逐层拆除	《公路工程施工安全技术规范》(JTG F90—2015)	自2015年5月1日起施行	5.7.29
2.3.2.5-13	脚手架拆除作业时，作业人员随意向下抛掷拆卸的物料	《公路工程施工安全技术规范》(JTG F90—2015)	自2015年5月1日起施行	5.7.31
2.3.2.5-14	施工现场人员未戴安全帽	《建筑施工安全检查标准》(JGJ 59—2011)	自2012年7月1日起施行	3.13.3
2.3.2.5-15	未按标准佩戴安全帽	《建筑施工安全检查标准》(JGJ 59—2011)	自2012年7月1日起施行	3.13.3
2.3.2.5-16	在建工程外脚手架架体外侧未采用密目式安全网封闭或网间连接不严	《建筑施工安全检查标准》(JGJ 59—2011)	自2012年7月1日起施行	3.13.3
2.3.2.5-17	安全网质量不符合现行国家相关标准的要求	《建筑施工安全检查标准》(JGJ 59—2011)	自2012年7月1日起施行	3.13.3
2.3.2.5-18	高处作业人员未按规定系挂安全带	《建筑施工安全检查标准》(JGJ 59—2011)	自2012年7月1日起施行	3.13.3
2.3.2.5-19	安全带系挂不符合要求	《建筑施工安全检查标准》(JGJ 59—2011)	自2012年7月1日起施行	3.13.3
2.3.2.5-20	工作面边沿无临边防护	《建筑施工安全检查标准》(JGJ 59—2011)	自2012年7月1日起施行	3.13.3

续上表

条目代码	条目内容	依据	执行时间	所在章节
2.3.2.5-21	临边防护设施的构造、强度不符合规范要求	《建筑施工安全检查标准》(JGJ 59—2011)	自2012年7月1日起施行	3.13.3
2.3.2.5-22	在建工程的孔、洞未采取防护措施	《建筑施工安全检查标准》(JGJ 59—2011)	自2012年7月1日起施行	3.13.3
2.3.2.5-23	防护措施、设施不符合要求或不严密	《建筑施工安全检查标准》(JGJ 59—2011)	自2012年7月1日起施行	3.13.3
2.3.2.5-24	未搭设防护棚或防护不严、不牢固	《建筑施工安全检查标准》(JGJ 59—2011)	自2012年7月1日起施行	3.13.3
2.3.2.5-25	防护棚两侧未进行封闭	《建筑施工安全检查标准》(JGJ 59—2011)	自2012年7月1日起施行	3.13.3
2.3.2.5-26	移动式梯子的梯脚底部垫高使用	《建筑施工安全检查标准》(JGJ 59—2011)	自2012年7月1日起施行	3.13.3
2.3.2.5-27	折梯未使用可靠拉撑装置	《建筑施工安全检查标准》(JGJ 59—2011)	自2012年7月1日起施行	3.13.3
2.3.2.5-28	悬空作业处未设置防护栏杆或其他可靠的安全设施	《建筑施工安全检查标准》(JGJ 59—2011)	自2012年7月1日起施行	3.13.3
2.3.2.5-29	悬空作业所用的索具、吊具等未经验收	《建筑施工安全检查标准》(JGJ 59—2011)	自2012年7月1日起施行	3.13.3
2.3.2.5-30	悬空作业人员未系挂安全带或佩戴工具袋	《建筑施工安全检查标准》(JGJ 59—2011)	自2012年7月1日起施行	3.13.3
2.3.2.5-31	操作平台未按规定进行设计计算	《建筑施工安全检查标准》(JGJ 59—2011)	自2012年7月1日起施行	3.13.3
2.3.2.5-32	移动式操作平台,轮子与平台的连接不牢固可靠或立柱底端距离地面超过80mm	《建筑施工安全检查标准》(JGJ 59—2011)	自2012年7月1日起施行	3.13.3
2.3.2.5-33	操作平台的组装不符合设计和规范要求	《建筑施工安全检查标准》(JGJ 59—2011)	自2012年7月1日起施行	3.13.3
2.3.2.5-34	平台台面铺板不严	《建筑施工安全检查标准》(JGJ 59—2011)	自2012年7月1日起施行	3.13.3
2.3.2.5-35	操作平台四周未按规定设置防护栏杆或未设置登高扶梯	《建筑施工安全检查标准》(JGJ 59—2011)	自2012年7月1日起施行	3.13.3
2.3.2.6	施工用电			
2.3.2.6-1	外电架空线路边线外侧边缘与在建工程(含脚手架)间的安全距离不满足规范要求	《公路工程施工安全技术规范》(JTG F90—2015)	自2015年5月1日起施行	4.4.4

续上表

条目代码	条目内容	依据	执行时间	所在章节
2.3.2.6-2	施工现场的地下埋设电缆未穿管保护	《公路工程施工安全技术规范》(JTG F90—2015)	自2015年5月1日起施行	4.4.5
2.3.2.6-3	架空铺设的电缆未沿墙或电杆做绝缘固定	《公路工程施工安全技术规范》(JTG F90—2015)	自2015年5月1日起施行	4.4.5
2.3.2.6-4	用电设备未按要求独立设置开关箱	《公路工程施工安全技术规范》(JTG F90—2015)	自2015年5月1日起施行	4.4.7
2.3.2.6-5	开关箱未按要求装设隔离开关及短路、过载、漏电保护器	《公路工程施工安全技术规范》(JTG F90—2015)	自2015年5月1日起施行	4.4.7
2.3.2.6-6	配电箱、开关箱的电源进线端采用插头、插座做活动连接	《公路工程施工安全技术规范》(JTG F90—2015)	自2015年5月1日起施行	4.4.7
2.3.2.6-7	开关箱与分配电箱的距离大于30m;开关箱与其控制的固定式用电设备的水平距离大于3m	《公路工程施工安全技术规范》(JTG F90—2015)	自2015年5月1日起施行	4.4.8
2.3.2.6-8	总配电箱中的漏电保护器的额定漏电动作电流小于30mA,额定漏电动作时间小于0.1s,额定漏电动作电流与额定漏电动作电流时间的乘积大于30mA.s	《公路工程施工安全技术规范》(JTG F90—2015)	自2015年5月1日起施行	4.4.8
2.3.2.6-9	配电箱、开关箱装设不牢固、不端正	《公路工程施工安全技术规范》(JTG F90—2015)	自2015年5月1日起施行	4.4.8
2.3.2.6-10	外电线路与在建工程及脚手架、起重机械、场内机动车道之间的安全距离不符合规范要求且未采取防护措施	《施工现场临时用电安全技术规范》(JGJ 46—2005)	自2005年7月1日起施行	4.1.1~4.1.4
2.3.2.6-11	防护设施未设置明显的警示标志	《施工现场临时用电安全技术规范》(JGJ 46—2005)	自2005年7月1日起施行	4.1.6
2.3.2.6-12	防护设施与外电线路的安全距离及搭设方式不符合规范要求	《施工现场临时用电安全技术规范》(JGJ 46—2005)	自2005年7月1日起施行	4.1.6
2.3.2.6-13	在外电架空线路正下方施工、建造临时设施或堆放材料物品	《施工现场临时用电安全技术规范》(JGJ 46—2005)	自2005年7月1日起施行	4.1.1
2.3.2.6-14	施工现场专用的电源中性点直接接地的低压配电系统未采用TN-S接零保护系统	《施工现场临时用电安全技术规范》(JGJ 46—2005)	自2005年7月1日起施行	5.1.1

续上表

条目代码	条目内容	依据	执行时间	所在章节
2.3.2.6-15	配电系统未采用同一保护系统	《施工现场临时用电安全技术规范》(JGJ 46—2005)	自2005年7月1日起施行	5.1.2
2.3.2.6-16	保护零线引出位置不符合规范要求	《施工现场临时用电安全技术规范》(JGJ 46—2005)	自2005年7月1日起施行	5.1.2
2.3.2.6-17	电气设备未接保护零线	《施工现场临时用电安全技术规范》(JGJ 46—2005)	自2005年7月1日起施行	5.1.5
2.3.2.6-18	保护零线装设开关、熔断器或通过工作电流	《施工现场临时用电安全技术规范》(JGJ 46—2005)	自2005年7月1日起施行	5.1.10
2.3.2.6-19	保护零线材质、规格及颜色标记不符合规范要求	《施工现场临时用电安全技术规范》(JGJ 46—2005)	自2005年7月1日起施行	5.1.11
2.3.2.6-20	工作接地与重复接地的设置、安装及接地装置的材料不符合规范要求	《施工现场临时用电安全技术规范》(JGJ 46—2005)	自2005年7月1日起施行	5.3.2
2.3.2.6-21	工作接地电阻大于4Ω,重复接地电阻大于10Ω	《施工现场临时用电安全技术规范》(JGJ 46—2005)	自2005年7月1日起施行	5.3.2
2.3.2.6-22	施工现场起重机械、脚手架防雷措施不符合规范要求	《施工现场临时用电安全技术规范》(JGJ 46—2005)	自2005年7月1日起施行	5.4.2
2.3.2.6-23	做防雷接地机械上的电气设备,保护零线未做重复接地	《施工现场临时用电安全技术规范》(JGJ 46—2005)	自2005年7月1日起施行	5.4.7
2.3.2.6-24	线路及接头不能保证机械强度和绝缘强度	《施工现场临时用电安全技术规范》(JGJ 46—2005)	自2005年7月1日起施行	7.1.3
2.3.2.6-25	线路未设短路、过载保护	《施工现场临时用电安全技术规范》(JGJ 46—2005)	自2005年7月1日起施行	7.2.11
2.3.2.6-26	线路截面不能满足负荷电流	《施工现场临时用电安全技术规范》(JGJ 46—2005)	自2005年7月1日起施行	7.2.2
2.3.2.6-27	线路的设施、材料及相序排列、挡距、与邻近线路或固定物的距离不符合规范要求	《施工现场临时用电安全技术规范》(JGJ 46—2005)	自2005年7月1日起施行	7.2.9
2.3.2.6-28	电缆沿地面明设或沿脚手架、树木等敷设或敷设不符合规范要求	《施工现场临时用电安全技术规范》(JGJ 46—2005)	自2005年7月1日起施行	7.2.10
2.3.2.6-29	未使用符合规范要求的电缆	《施工现场临时用电安全技术规范》(JGJ 46—2005)	自2005年7月1日起施行	7.2.1
2.3.2.6-30	室内明敷主干线距地面高度小于2.5m	《施工现场临时用电安全技术规范》(JGJ 46—2005)	自2005年7月1日起施行	7.3.3

续上表

条目代码	条目内容	依据	执行时间	所在章节
2.3.2.6-31	配电系统未采用三级配电、二级漏电保护系统	《施工现场临时用电安全技术规范》(JGJ 46—2005)	自2005年7月1日起施行	8.1.1
2.3.2.6-32	用电设备无各自专用的开关箱	《施工现场临时用电安全技术规范》(JGJ 46—2005)	自2005年7月1日起施行	8.1.3
2.3.2.6-33	箱体结构、箱内电器设置不符合规范要求	《施工现场临时用电安全技术规范》(JGJ 46—2005)	自2005年7月1日起施行	8.1.4~8.1.14
2.3.2.6-34	配电箱零线端子板的设置、连接不符合规范要求	《施工现场临时用电安全技术规范》(JGJ 46—2005)	自2005年7月1日起施行	8.1.11
2.3.2.6-35	漏电保护器参数不匹配或检测不灵敏	《施工现场临时用电安全技术规范》(JGJ 46—2005)	自2005年7月1日起施行	8.2.9
2.3.2.6-36	配电箱与开关箱电器损坏或进出线混乱	《施工现场临时用电安全技术规范》(JGJ 46—2005)	自2005年7月1日起施行	8.1.15
2.3.2.6-37	箱体未设置系统接线图和分路标记	《施工现场临时用电安全技术规范》(JGJ 46—2005)	自2005年7月1日起施行	8.3.1
2.3.2.6-38	箱体未设门、锁,未采取防雨措施	《施工现场临时用电安全技术规范》(JGJ 46—2005)	自2005年7月1日起施行	8.3.2
2.3.2.6-39	箱体安装位置、高度及周边通道不符合规范要求	《施工现场临时用电安全技术规范》(JGJ 46—2005)	自2005年7月1日起施行	8.1.8
2.3.2.6-40	分配电箱与开关箱、开关箱与用电设备的距离不符合规范要求	《施工现场临时用电安全技术规范》(JGJ 46—2005)	自2005年7月1日起施行	8.1.2
2.3.2.6-41	配电室建筑耐火等级未达到三级	《施工现场临时用电安全技术规范》(JGJ 46—2005)	自2005年7月1日起施行	6.1.4
2.3.2.6-42	未配置适用于电气火灾的灭火器材	《施工现场临时用电安全技术规范》(JGJ 46—2005)	自2005年7月1日起施行	6.1.4
2.3.2.6-43	配电室、配电装置布设不符合规范要求	《施工现场临时用电安全技术规范》(JGJ 46—2005)	自2005年7月1日起施行	6.1.5
2.3.2.6-44	配电室未采取防雨雪和小动物侵入的措施	《施工现场临时用电安全技术规范》(JGJ 46—2005)	自2005年7月1日起施行	6.1.3
2.3.2.6-45	配电室未设警示标志、工地供电平面图和系统图	《施工现场临时用电安全技术规范》(JGJ 46—2005)	自2005年7月1日起施行	6.1.4
2.3.2.6-46	照明用电与动力用电混用	《施工现场临时用电安全技术规范》(JGJ 46—2005)	自2005年7月1日起施行	8.1.4
2.3.2.6-47	特殊场所未使用36V及以下安全电压	《施工现场临时用电安全技术规范》(JGJ 46—2005)	自2005年7月1日起施行	10.2.2

续上表

条目代码	条目内容	依据	执行时间	所在章节
2.3.2.6-48	手持照明灯未使用36V以下电源供电	《施工现场临时用电安全技术规范》(JGJ 46—2005)	自2005年7月1日起施行	10.2.3
2.3.2.6-49	照明变压器未使用双绕组安全隔离变压器	《施工现场临时用电安全技术规范》(JGJ 46—2005)	自2005年7月1日起施行	10.2.5
2.3.2.6-50	灯具金属外壳未接保护零线	《施工现场临时用电安全技术规范》(JGJ 46—2005)	自2005年7月1日起施行	10.3.1
2.3.2.6-51	灯具与地面、易燃物之间小于安全距离	《施工现场临时用电安全技术规范》(JGJ 46—2005)	自2005年7月1日起施行	10.3.2
2.3.2.6-52	照明线路和安全电压线路的架设不符合规范要求	《施工现场临时用电安全技术规范》(JGJ 46—2005)	自2005年7月1日起施行	10.2.9
2.3.2.6-53	施工现场未按规范要求配备应急照明	《施工现场临时用电安全技术规范》(JGJ 46—2005)	自2005年7月1日起施行	10.1.1
2.3.2.6-54	接地电阻、绝缘电阻和漏电保护器检测记录未填写或填写不真实	《施工现场临时用电安全技术规范》(JGJ 46—2005)	自2005年7月1日起施行	3.3.3
2.3.2.7	桥涵工程			
2.3.2.7.1	一般规定			
2.3.2.7.1-1	跨越既有公路、市政道路等区域施工,通行区未按要求搭设安全通道	《公路工程施工安全技术规范》(JTG F90—2015)	自2015年5月1日起施行	8.1.1
2.3.2.7.1-2	安全通道未按要求设置防撞设施及限高、限宽、减速标志和设施	《公路工程施工安全技术规范》(JTG F90—2015)	自2015年5月1日起施行	8.1.1
2.3.2.7.1-3	通行区的施工作业面底部未按要求悬挂安全网	《公路工程施工安全技术规范》(JTG F90—2015)	自2015年5月1日起施行	8.1.1
2.3.2.7.1-4	泥浆池、沉淀池周围未按要求设置防护栏杆和警示标志	《公路工程施工安全技术规范》(JTG F90—2015)	自2015年5月1日起施行	8.1.1
2.3.2.7.2	预应力混凝土工程			
2.3.2.7.2-1	预应力张拉的机具、设备未按要求进行检验、标定	《公路工程施工安全技术规范》(JTG F90—2015)	自2015年5月1日起施行	8.2.1
2.3.2.7.2-2	张拉过程中出现异常而未及时停止张拉作业	《公路工程施工安全技术规范》(JTG F90—2015)	自2015年5月1日起施行	8.2.2
2.3.2.7.2-3	张拉作业现场未按要求设置警戒区	《公路工程施工安全技术规范》(JTG F90—2015)	自2015年5月1日起施行	8.2.2
2.3.2.7.2-4	先张法施工时,张拉端后方未设置防护挡墙	《公路工程施工安全技术规范》(JTG F90—2015)	自2015年5月1日起施行	8.2.3

续上表

条目代码	条 目 内 容	依 据	执 行 时 间	所在章节
2.3.2.7.2-5	正式进行先张法张拉前未进行试张拉	《公路工程施工安全技术规范》(JTG F90—2015)	自2015年5月1日起施行	8.2.3
2.3.2.7.2-6	先张法施工时，张拉及放张过程中预制台座区域及张拉台座两端站人	《公路工程施工安全技术规范》(JTG F90—2015)	自2015年5月1日起施行	8.2.3
2.3.2.7.2-7	先张法施工时，已张拉的预应力钢筋有电焊、站人现象	《公路工程施工安全技术规范》(JTG F90—2015)	自2015年5月1日起施行	8.2.3
2.3.2.7.2-8	后张法施工时，高处张拉作业未搭设作业平台、张拉千斤顶吊架；平台未设置防护栏杆和上下扶梯	《公路工程施工安全技术规范》(JTG F90—2015)	自2015年5月1日起施行	8.2.5
2.3.2.7.2-9	后张法施工时，梁端未按要求设置围护和挡板	《公路工程施工安全技术规范》(JTG F90—2015)	自2015年5月1日起施行	8.2.5
2.3.2.7.2-10	后张法施工时，张拉作业的千斤顶后方站人	《公路工程施工安全技术规范》(JTG F90—2015)	自2015年5月1日起施行	8.2.5
2.3.2.7.2-11	管道压浆时，作业人员未佩戴护目镜	《公路工程施工安全技术规范》(JTG F90—2015)	自2015年5月1日起施行	8.2.5
2.3.2.7.3	钻(挖)孔灌注桩			
2.3.2.7.3-1	钻(挖)孔灌注桩施工作业区域未按要求设置警戒区	《公路工程施工安全技术规范》(JTG F90—2015)	自2015年5月1日起施行	8.3.1
2.3.2.7.3-2	山坡上钻(挖)孔灌注桩施工时，未及时清除坡面上的危石和浮土	《公路工程施工安全技术规范》(JTG F90—2015)	自2015年5月1日起施行	8.3.1
2.3.2.7.3-3	山坡上钻(挖)孔灌注桩施工时，对存在裂缝的坡面或可能坍塌的区域未采取必要的防护措施	《公路工程施工安全技术规范》(JTG F90—2015)	自2015年5月1日起施行	8.3.1
2.3.2.7.3-4	钻(挖)孔桩停工时，孔口未加盖防护，四周未设置护栏、警示标志；夜间未挂设警示灯	《公路工程施工安全技术规范》(JTG F90—2015)	自2015年5月1日起施行	8.3.1
2.3.2.7.3-5	钢筋笼下放时未采用专用吊具	《公路工程施工安全技术规范》(JTG F90—2015)	自2015年5月1日起施行	8.3.1
2.3.2.7.3-6	作业人员在钢筋笼内作业	《公路工程施工安全技术规范》(JTG F90—2015)	自2015年5月1日起施行	8.3.1
2.3.2.7.3-7	钢筋笼下放时，安全带扣挂在钢筋笼上	《公路工程施工安全技术规范》(JTG F90—2015)	自2015年5月1日起施行	8.3.1

续上表

条目代码	条目内容	依据	执行时间	所在章节
2.3.2.7.3-8	钻孔灌注桩停钻时,钻头、钻杆未置于孔外安全位置	《公路工程施工安全技术规范》(JTG F90—2015)	自2015年5月1日起施行	8.3.2
2.3.2.7.3-9	钻机电缆线接头不牢固,有透水、漏电现象	《公路工程施工安全技术规范》(JTG F90—2015)	自2015年5月1日起施行	8.3.2
2.3.2.7.3-10	冲击钻机的钻架顶部未设置行程开关	《公路工程施工安全技术规范》(JTG F90—2015)	自2015年5月1日起施行	8.3.3
2.3.2.7.3-11	冲击钻机的钢丝绳有死弯、断丝	《公路工程施工安全技术规范》(JTG F90—2015)	自2015年5月1日起施行	8.3.3
2.3.2.7.3-12	回旋钻机钻进时,高压胶管下有站人	《公路工程施工安全技术规范》(JTG F90—2015)	自2015年5月1日起施行	8.3.4
2.3.2.7.3-13	回旋钻机的钻机旋转时,钻杆同时提升	《公路工程施工安全技术规范》(JTG F90—2015)	自2015年5月1日起施行	8.3.4
2.3.2.7.4	沉井			
2.3.2.7.4-1	沉井顶部作业未按要求搭设作业平台,平台的脚手板未满铺且绑扎牢固	《公路工程施工安全技术规范》(JTG F90—2015)	自2015年5月1日起施行	8.5.4
2.3.2.7.4-2	沉井顶部作业平台的临边防护、通道的设置不符合规范要求	《公路工程施工安全技术规范》(JTG F90—2015)	自2015年5月1日起施行	8.5.4
2.3.2.7.4-3	沉井的各井室内未悬挂钢梯、安全绳	《公路工程施工安全技术规范》(JTG F90—2015)	自2015年5月1日起施行	8.5.5
2.3.2.7.4-4	浇筑沉井封底混凝土时,未搭设工作平台	《公路工程施工安全技术规范》(JTG F90—2015)	自2015年5月1日起施行	8.5.19
2.3.2.7.5	明挖地基			
2.3.2.7.5-1	未按规定坡度分层开挖	《公路工程施工安全技术规范》(JTG F90—2015)	自2015年5月1日起施行	8.8.4
2.3.2.7.5-2	采用局部开挖深坑或从底层向四周掏土的方法进行开挖	《公路工程施工安全技术规范》(JTG F90—2015)	自2015年5月1日起施行	8.8.4
2.3.2.7.5-3	基坑顶面未按要求设置截水沟	《公路工程施工安全技术规范》(JTG F90—2015)	自2015年5月1日起施行	8.8.4
2.3.2.7.5-4	基坑周边1m范围内堆载、停放设备	《公路工程施工安全技术规范》(JTG F90—2015)	自2015年5月1日起施行	8.8.4
2.3.2.7.5-5	深基坑四周距基坑边缘不小于1m的位置未设立钢管护栏、挂密目式安全网	《公路工程施工安全技术规范》(JTG F90—2015)	自2015年5月1日起施行	8.8.4

续上表

条目代码	条目内容	依据	执行时间	所在章节
2.3.2.7.5-6	深基坑靠近道路一侧未设置安全警示标志和夜间警示灯带	《公路工程施工安全技术规范》(JTG F90—2015)	自2015年5月1日起施行	8.8.4
2.3.2.7.6	承台、墩台			
2.3.2.7.6-1	现浇墩、台身、盖梁的脚手架和作业平台搭设不牢固	《公路工程施工安全技术规范》(JTG F90—2015)	自2015年5月1日起施行	8.9.2
2.3.2.7.6-2	现浇墩、台身、盖梁的脚手架和作业平台与模板及其支撑体系联结	《公路工程施工安全技术规范》(JTG F90—2015)	自2015年5月1日起施行	8.9.2
2.3.2.7.6-3	墩身钢筋绑扎高度超过6m时,未采取临时固定措施	《公路工程施工安全技术规范》(JTG F90—2015)	自2015年5月1日起施行	8.9.2
2.3.2.7.7	预应力梁式桥			
2.3.2.7.7-1	装配式桥的存梁台座未高出地面20cm以上,存放地点未设置排水系统	《公路工程施工安全技术规范》(JTG F90—2015)	自2015年5月1日起施行	8.11.3
2.3.2.7.7-2	梁、板构件存放时,上下层垫木未在同一条竖线上	《公路工程施工安全技术规范》(JTG F90—2015)	自2015年5月1日起施行	8.11.3
2.3.2.7.7-3	梁、板构件存放时,大型构件超过2层,小型构件超过6层	《公路工程施工安全技术规范》(JTG F90—2015)	自2015年5月1日起施行	8.11.3
2.3.2.7.7-4	梁、板构件的吊环采用冷拉钢筋制作	《公路工程施工安全技术规范》(JTG F90—2015)	自2015年5月1日起施行	8.11.3
2.3.2.7.7-5	梁、板安装和架桥机移动过孔期间,作业区域下方未设置警戒区	《公路工程施工安全技术规范》(JTG F90—2015)	自2015年5月1日起施行	8.11.3
2.3.2.7.7-6	就位后的梁、板未及时予以固定	《公路工程施工安全技术规范》(JTG F90—2015)	自2015年5月1日起施行	8.11.3
2.3.2.7.8	桥面及附属工程			
2.3.2.7.8-1	桥面系施工前,上下行桥之间的空隙处未满布安全网	《公路工程施工安全技术规范》(JTG F90—2015)	自2015年5月1日起施行	8.16.1
2.3.2.7.8-2	反开槽安装的伸缩装置槽口未临时铺设钢板或砂带,未按开槽处设置警示标志	《公路工程施工安全技术规范》(JTG F90—2015)	自2015年5月1日起施行	8.16.2
2.3.2.7.8-3	装配式梁式桥防撞护栏施工前,边梁未于中梁连接牢固	《公路工程施工安全技术规范》(JTG F90—2015)	自2015年5月1日起施行	9.16.4
2.3.2.7.8-4	单柱墩桥梁防撞护栏未两侧对称施工	《公路工程施工安全技术规范》(JTG F90—2015)	自2015年5月1日起施行	9.16.4

续上表

条目代码	条目内容	依据	执行时间	所在章节
2.3.2.8	隧道工程			
2.3.2.8.1	一般规定			
2.3.2.8.1-1	隧道洞口未设专人负责进出人员登记及材料、设备与爆破器材进入隧道记录	《公路工程施工安全技术规范》(JTG F90—2015)	自2015年5月1日起施行	9.1.5
2.3.2.8.1-2	隧道内施工有使用以汽油为动力的机械设备	《公路工程施工安全技术规范》(JTG F90—2015)	自2015年5月1日起施行	9.1.7
2.3.2.8.1-3	隧道洞口、电箱、台车、台架及仰拱开挖等危险区域未设置明显警示标志	《公路工程施工安全技术规范》(JTG F90—2015)	自2015年5月1日起施行	9.1.10
2.3.2.8.1-4	洞内施工设备未设置反光标志	《公路工程施工安全技术规范》(JTG F90—2015)	自2015年5月1日起施行	9.1.10
2.3.2.8.1-5	隧道内未按要求配备消防器材	《公路工程施工安全技术规范》(JTG F90—2015)	自2015年5月1日起施行	9.1.11
2.3.2.8.1-6	隧道内未按应急预案的要求配备相应的应急资源	《公路工程施工安全技术规范》(JTG F90—2015)	自2015年5月1日起施行	9.1.12
2.3.2.8.1-7	隧道内有存放汽油、柴油、雷管、炸药等易燃易爆物品	《公路工程施工安全技术规范》(JTG F90—2015)	自2015年5月1日起施行	9.1.17
2.3.2.8.2	洞口与明洞			
2.3.2.8.2-1	开挖前,未按要求在洞顶及四周设置防水、排水设施	《公路工程施工安全技术规范》(JTG F90—2015)	自2015年5月1日起施行	9.2.9
2.3.2.8.3	开挖			
2.3.2.8.3-1	隧道洞内的起爆站距爆破位置小于300m	《公路工程施工安全技术规范》(JTG F90—2015)	自2015年5月1日起施行	9.3.1
2.3.2.8.3-2	爆破后,未按要求先机械后人工的顺序找顶,且未进行安全确认	《公路工程施工安全技术规范》(JTG F90—2015)	自2015年5月1日起施行	9.3.3
2.3.2.8.3-3	人工开挖时,未设专人指挥;作业人员未保持安全操作距离	《公路工程施工安全技术规范》(JTG F90—2015)	自2015年5月1日起施行	9.3.5
2.3.2.8.3-4	平行隧道同向开挖时,其工作面的纵向距离大于2倍洞径	《公路工程施工安全技术规范》(JTG F90—2015)	自2015年5月1日起施行	9.3.6
2.3.2.8.3-5	台阶法和环形开挖预留核心土施工时,上台阶每循环开挖支护进尺Ⅴ、Ⅵ级围岩大于1榀钢架间距,Ⅳ级围岩大于2榀钢架间距	《公路工程施工安全技术规范》(JTG F90—2015)	自2015年5月1日起施行	9.3.10

续上表

条目代码	条 目 内 容	依 据	执 行 时 间	所在章节
2.3.2.8.3-6	台阶法和环形开挖预留核心土施工时,台阶下部断面的一次开挖长度大于1.5m	《公路工程施工安全技术规范》(JTG F90—2015)	自2015年5月1日起施行	9.3.10
2.3.2.8.3-7	Ⅳ级及以上围岩仰拱每循环开挖长度大于3m	《公路工程施工安全技术规范》(JTG F90—2015)	自2015年5月1日起施行	9.3.13
2.3.2.8.3-8	仰拱与掌子面的距离,Ⅲ级围岩大于90m,Ⅳ级围岩大于50m,Ⅴ级及以上大于40m	《公路工程施工安全技术规范》(JTG F90—2015)	自2015年5月1日起施行	9.3.13
2.3.2.8.3-9	隧道开挖后未及时进行初期支护	《公路工程施工安全技术规范》(JTG F90—2015)	自2015年5月1日起施行	9.3.13
2.3.2.8.4	装渣与运输			
2.3.2.8.4-1	运渣车辆有载人、超载、超宽和超高运输	《公路工程施工安全技术规范》(JTG F90—2015)	自2015年5月1日起施行	9.4.2
2.3.2.8.4-2	采用无轨运输方式时,隧道内未按要求设置会车场所、转向场所及行人安全通路	《公路工程施工安全技术规范》(JTG F90—2015)	自2015年5月1日起施行	9.4.5
2.3.2.8.5	支护			
2.3.2.8.5-1	钢架的拱脚脱空或拱脚有积水浸泡	《公路工程施工安全技术规范》(JTG F90—2015)	自2015年5月1日起施行	9.5.4
2.3.2.8.5-2	更换已安装钢架时,未按要求逐榀更换	《公路工程施工安全技术规范》(JTG F90—2015)	自2015年5月1日起施行	9.5.4
2.3.2.8.6	衬砌			
2.3.2.8.6-1	二衬距掌子面的距离Ⅳ级围岩大于90m,Ⅴ级及以上围岩大于70m	《公路工程施工安全技术规范》(JTG F90—2015)	自2015年5月1日起施行	9.6.1
2.3.2.8.6-2	钢筋焊接作业时,未在防水板一侧设置阻燃挡板	《公路工程施工安全技术规范》(JTG F90—2015)	自2015年5月1日起施行	9.6.4
2.3.2.8.7	辅助坑道			
2.3.2.8.7-1	斜井施工时,人员乘斗车上下	《公路工程施工安全技术规范》(JTG F90—2015)	自2015年5月1日起施行	9.7.4
2.3.2.8.7-2	斜井施工时,运送人员的车辆未设顶盖;车辆中未设有向卷扬机司机发送紧急信号的装置	《公路工程施工安全技术规范》(JTG F90—2015)	自2015年5月1日起施行	9.7.4
2.3.2.8.7-3	竖井井口周围未设置防护栏杆和安全门;防护栏杆高度小于1.2m	《公路工程施工安全技术规范》(JTG F90—2015)	自2015年5月1日起施行	9.7.5

续上表

条目代码	条目内容	依据	执行时间	所在章节
2.3.2.8.8	防水和排水			
2.3.2.8.8-1	隧道防水板施工作业平台架未设置消防器材和防火安全警示标志	《公路工程施工安全技术规范》(JTG F90—2015)	自2015年5月1日起施行	9.8.1
2.3.2.8.8-2	照明灯具与防水板之间的距离小于0.5m	《公路工程施工安全技术规范》(JTG F90—2015)	自2015年5月1日起施行	9.8.1
2.3.2.8.9	防尘、防有害气体			
2.3.2.8.9-1	隧道作业人员未按要求配备防尘口罩、耳塞等个人防护用品	《公路工程施工安全技术规范》(JTG F90—2015)	自2015年5月1日起施行	9.9.2
2.3.2.8.9-2	通风管线沿线每50~100m未设置警示标志或红色灯	《公路工程施工安全技术规范》(JTG F90—2015)	自2015年5月1日起施行	9.9.1
2.3.2.8.9-3	主风机间歇时,受影响工作面未暂停作业	《公路工程施工安全技术规范》(JTG F90—2015)	自2015年5月1日起施行	9.9.1
2.3.2.8.10	风、水、电供应			
2.3.2.8.10-1	隧道内设置6K~10kV变电站时,变压器与周围及上下洞壁的最小距离小于0.3m,且变电站周围未设置防护栏杆和警示灯	《公路工程施工安全技术规范》(JTG F90—2015)	自2015年5月1日起施行	9.10.3
2.3.2.8.10-2	空气压缩机站未按要求设置防水、降温和防雷击设施	《公路工程施工安全技术规范》(JTG F90—2015)	自2015年5月1日起施行	9.10.1
2.3.2.8.10-3	安拆风管时,未将空压机停机或关闭闸阀	《公路工程施工安全技术规范》(JTG F90—2015)	自2015年5月1日起施行	9.10.1
2.3.2.8.11	逃生与救援			
2.3.2.8.11-1	未按要求配备隧道施工的应急救援物资的;未定期对其进行检查、维护和更新	《公路工程施工安全技术规范》(JTG F90—2015)	自2015年5月1日起施行	9.18.1
2.3.2.8.11-2	未按要求建立兼职救援队伍	《公路工程施工安全技术规范》(JTG F90—2015)	自2015年5月1日起施行	9.18.1
2.3.2.8.11-3	隧道内未按要求设置安全应急照明和应急逃生标志	《公路工程施工安全技术规范》(JTG F90—2015)	自2015年5月1日起施行	9.18.4
2.3.2.8.11-4	软弱围岩隧道开挖掌子面至二次衬砌之间未按要求设置逃生通道的;逃生通道距离开挖掌子面小于20m	《公路工程施工安全技术规范》(JTG F90—2015)	自2015年5月1日起施行	9.18.5

续上表

条目代码	条目内容	依据	执行时间	所在章节
2.3.2.9	路基工程			
2.3.2.9-1	机械作业范围内同时进行人工作业	《公路工程施工安全技术规范》(JTG F90—2015)	自2015年5月1日起施行	6.1.3
2.3.2.9-2	施工机械设备在坡度大的边坡区域作业时,未采取防倾覆的措施	《公路工程施工安全技术规范》(JTG F90—2015)	自2015年5月1日起施行	6.1.4
2.3.2.9-3	深挖路堑施工未按要求及时施做临时排水设施	《公路工程施工安全技术规范》(JTG F90—2015)	自2015年5月1日起施行	6.3.6
2.3.2.9-4	边坡开挖未严格按照设计坡度开挖	《公路工程施工安全技术规范》(JTG F90—2015)	自2015年5月1日起施行	6.3.6
2.3.2.9-5	高边坡作业区未按要求设置风险源告知牌	《公路水运工程"平安工地"考核评价标准》(交质监发〔2012〕679号)	自2012年12月5日起试行	表5
2.3.2.9-6	高边坡施工自上而下,多级坡同时立体交叉作业	《公路水运工程"平安工地"考核评价标准》(交质监发〔2012〕679号)	自2012年12月5日起试行	表5
2.3.2.9-7	边坡防护作业时未按要求设置警戒区;无明显的警示标志	《公路工程施工安全技术规范》(JTG F90—2015)	自2015年5月1日起施行	6.5.1
2.3.2.9-8	砌筑作业人员未按要求穿戴安全帽、防滑鞋等防护用品	《公路工程施工安全技术规范》(JTG F90—2015)	自2015年5月1日起施行	6.5.1
2.3.2.9-9	高度超过2m的作业未设置脚手架	《公路工程施工安全技术规范》(JTG F90—2015)	自2015年5月1日起施行	6.5.1
2.3.2.9-10	工人自上而下顺坡卸落、抛掷砌筑材料	《公路工程施工安全技术规范》(JTG F90—2015)	自2015年5月1日起施行	6.5.1
2.3.2.9-11	高边坡的防护未按要求编制专项安全方案	《公路工程施工安全技术规范》(JTG F90—2015)	自2015年5月1日起施行	6.5.1
2.3.2.9-12	锚杆张拉作业时未设置警戒区,张拉设备安装不牢固	《公路工程施工安全技术规范》(JTG F90—2015)	自2015年5月1日起施行	6.5.6
2.3.2.9-13	人工挖孔桩作业现场未配备气体浓度检测仪器	《公路工程施工安全技术规范》(JTG F90—2015)	自2015年5月1日起施行	6.5.3
2.3.2.9-14	作业人员进入孔桩前未通风15min以上	《公路工程施工安全技术规范》(JTG F90—2015)	自2015年5月1日起施行	6.5.3
2.3.2.9-15	相邻两孔桩中的一孔浇筑混凝土,另一孔内有作业人员施工	《公路工程施工安全技术规范》(JTG F90—2015)	自2015年5月1日起施行	6.5.3

续上表

条目代码	条目内容	依据	执行时间	所在章节
2.3.2.9-16	孔桩内作业人员未戴安全帽、系安全带、穿防滑鞋;安全绳未系在孔口	《公路工程施工安全技术规范》(JTG F90—2015)	自2015年5月1日起施行	6.5.3
2.3.2.9-17	作业人员未通过带护笼的直梯进出孔桩;人员上下携带工具和材料	《公路工程施工安全技术规范》(JTG F90—2015)	自2015年5月1日起施行	6.5.3
2.3.2.9-18	作业人员上下孔桩利用卷扬机	《公路工程施工安全技术规范》(JTG F90—2015)	自2015年5月1日起施行	6.5.3
2.3.2.9-19	孔桩的起吊设备未按要求装设限位器、防脱钩装置	《公路工程施工安全技术规范》(JTG F90—2015)	自2015年5月1日起施行	6.5.3
2.3.2.9-20	孔口处未设置防护圈;护圈高度未高出地面30cm	《公路工程施工安全技术规范》(JTG F90—2015)	自2015年5月1日起施行	6.5.3
2.3.2.9-21	孔口未设置护栏和临时排水沟;夜间未悬挂警示灯;孔口四周有堆积弃渣、无关机具及其他杂物的情况	《公路工程施工安全技术规范》(JTG F90—2015)	自2015年5月1日起施行	6.5.3
2.3.2.9-22	孔深超过15m的桩孔内未配备有效的通信器材	《公路工程施工安全技术规范》(JTG F90—2015)	自2015年5月1日起施行	6.5.3
2.3.2.9-23	作业人员在孔内连续作业时间超过2h	《公路工程施工安全技术规范》(JTG F90—2015)	自2015年5月1日起施行	6.5.3
2.3.2.9-24	孔口未设专人看守	《公路工程施工安全技术规范》(JTG F90—2015)	自2015年5月1日起施行	6.5.3
2.3.2.9-25	挖孔作业人员的头顶部未设置护盖;出渣时,孔内作业人员未位于护盖下	《公路工程施工安全技术规范》(JTG F90—2015)	自2015年5月1日起施行	6.5.3
2.3.2.9-26	孔内照明电压未使用安全电压;未使用防水带罩灯泡;电缆线未采用防水绝缘电缆线	《公路工程施工安全技术规范》(JTG F90—2015)	自2015年5月1日起施行	6.5.3
2.3.2.9-27	混凝土护壁未按要求随挖随浇;每节开挖深度不符合专项施工方案的要求,且超过1m	《公路工程施工安全技术规范》(JTG F90—2015)	自2015年5月1日起施行	6.5.3
2.3.2.9-28	护壁外侧与孔壁间未填实	《公路工程施工安全技术规范》(JTG F90—2015)	自2015年5月1日起施行	6.5.3
2.3.2.9-29	高边坡截水沟施工未设置防作业人员坠落设施	《公路工程施工安全技术规范》(JTG F90—2015)	自2015年5月1日起施行	6.6.1
2.3.2.9-30	排水沟施工时,工人自上而下滚落运送材料	《公路工程施工安全技术规范》(JTG F90—2015)	自2015年5月1日起施行	6.6.2

续上表

条目代码	条目内容	依据	执行时间	所在章节
2.3.2.9-31	振沉砂桩或碎石桩作业灌料斗下方站人	《公路工程施工安全技术规范》(JTG F90—2015)	自2015年5月1日起施行	6.7.3
2.3.2.9-32	强夯作业区未封闭并设置安全警示标志	《公路工程施工安全技术规范》(JTG F90—2015)	自2015年5月1日起施行	6.7.4
2.3.2.9-33	强夯作业的吊锤机械驾驶室前未设置防护网，驾驶员未佩戴防护镜	《公路工程施工安全技术规范》(JTG F90—2015)	自2015年5月1日起施行	6.7.4
2.3.2.10	路面工程			
2.3.2.10-1	施工现场的出入口、沿线各交叉口等处未设置明显的警示、告知标志，无专人指挥	《公路工程施工安全技术规范》(JTG F90—2015)	自2015年5月1日起施行	7.1.2
2.3.2.10-2	夜间施工时，现场作业人员未穿反光服；路口、危险路段和桥头引道未设置警示灯或反光标志；施工设备未按要求设置照明设备和明显警示标志	《公路工程施工安全技术规范》(JTG F90—2015)	自2015年5月1日起施行	7.1.5
2.3.2.10-3	隧道内沥青摊铺作业时，工人未佩戴符合要求的防毒面具	《公路工程施工安全技术规范》(JTG F90—2015)	自2015年5月1日起施行	7.1.6
2.3.2.10-4	隧道内沥青摊铺作业时，无照明、排风等设施，作业人员未穿反光衣	《公路工程施工安全技术规范》(JTG F90—2015)	自2015年5月1日起施行	7.1.6
2.3.2.10-5	碾压区内有人员穿行	《公路工程施工安全技术规范》(JTG F90—2015)	自2015年5月1日起施行	7.2.5
2.3.2.10-6	多台压力机同时作业时，各机械之间未保持安全距离	《公路工程施工安全技术规范》(JTG F90—2015)	自2015年5月1日起施行	7.2.5
2.3.2.10-7	作业人员在行驶机械前方清除轮上的黏附物	《公路工程施工安全技术规范》(JTG F90—2015)	自2015年5月1日起施行	7.2.5
2.3.2.10-8	沥青存储点未配备灭火器、消防砂等消防设施	《公路工程施工安全技术规范》(JTG F90—2015)	自2015年5月1日起施行	7.3.2
2.3.2.10-9	沥青洒布地段使用明火	《公路工程施工安全技术规范》(JTG F90—2015)	自2015年5月1日起施行	7.3.1
2.3.2.10-10	小型机具洒布沥青时，喷头朝上，并在喷头10m范围内有站人	《公路工程施工安全技术规范》(JTG F90—2015)	自2015年5月1日起施行	7.3.1
2.3.2.10-11	洒布车行驶中使用加热系统	《公路工程施工安全技术规范》(JTG F90—2015)	自2015年5月1日起施行	7.3.1

续上表

条目代码	条目内容	依据	执行时间	所在章节
2.3.2.10-12	大风天气时,有组织喷洒沥青作业	《公路工程施工安全技术规范》(JTG F90—2015)	自2015年5月1日起施行	7.3.1
2.3.2.10-13	沥青混合料拌和过程中,有人员站立或通行与石料溢流管、升起的料斗下方	《公路工程施工安全技术规范》(JTG F90—2015)	自2015年5月1日起施行	7.3.4
2.3.2.10-14	沥青罐内检查时,使用明火照明	《公路工程施工安全技术规范》(JTG F90—2015)	自2015年5月1日起施行	7.3.4
2.3.2.10-15	沥青拌合站未按要求配备灭火器、消防砂等消防设施	《公路工程施工安全技术规范》(JTG F90—2015)	自2015年5月1日起施行	7.3.4
2.3.2.10-16	摊铺作业布料机、振平机未保持安全距离	《公路工程施工安全技术规范》(JTG F90—2015)	自2015年5月1日起施行	7.4.2
2.3.2.10-17	切缝、刻槽作业范围未按要求设置警戒区	《公路工程施工安全技术规范》(JTG F90—2015)	自2015年5月1日起施行	7.4.3
2.3.2.11	施工机具			
2.3.2.11-1	施工机具进场无出厂合格证、操作说明书	《公路工程施工安全技术规范》(JTG F90—2015)	自2015年5月1日起施行	5.11.1
2.3.2.11-2	小型机具未建立台账,无维保记录	《公路工程施工安全技术规范》(JTG F90—2015)	自2015年5月1日起施行	5.11.2
2.3.2.11-3	齿轮传动、皮带传动、联轴器传动的小型机具无安全防护装置	《公路工程施工安全技术规范》(JTG F90—2015)	自2015年5月1日起施行	5.11.6
2.3.2.11-4	卷扬机卷筒上的剩余钢丝绳少于3圈	《公路工程施工安全技术规范》(JTG F90—2015)	自2015年5月1日起施行	5.11.8
2.3.2.11-5	电焊机未设置二次空载降压保护器	《施工现场机械设备检查技术规程》(JGJ 160—2016)	自2017年3月1日起施行	10.2.5
2.3.2.11-6	电焊机的一次线长度超过规定或未进行穿管保护	《施工现场机械设备检查技术规程》(JGJ 160—2016)	自2017年3月1日起施行	10.2.4
2.3.2.11-7	电焊机的二次线未采用防水橡皮护套铜芯软电缆;长度超过规定或绝缘层老化	《施工现场机械设备检查技术规程》(JGJ 160—2016)	自2017年3月1日起施行	10.1.5
2.3.2.11-8	电焊机未设置防雨罩或接线柱未设置防护罩	《施工现场机械设备检查技术规程》(JGJ 160—2016)	自2017年3月1日起施行	10.2.3
2.3.2.11-9	圆盘锯未设置锯盘防护罩、分料器、防护挡板安全装置和传动部位未设置防护罩	《施工现场机械设备检查技术规程》(JGJ 160—2016)	自2017年3月1日起施行	11.1.2
2.3.2.11-10	Ⅰ类手持电动工具未采取保护接零或未设置漏电保护器	《施工现场临时用电安全技术规范》(JGJ 46—2005)	自2005年7月1日起施行	9.6.1

续上表

条目代码	条 目 内 容	依　据	执 行 时 间	所在章节
2.3.2.11-11	使用Ⅰ类手持电动工具不按规定穿戴绝缘用品	《施工现场临时用电安全技术规范》(JGJ 46—2005)	自2005年7月1日起施行	9.6.6
2.3.2.11-12	钢筋加工区未设置作业棚、钢筋对焊作业区未采取防止火花飞溅措施或冷拉作业区未设置防护栏板	《施工现场机械设备检查技术规程》(JGJ 160—2016)	自2017年3月1日起施行	11.1.2
2.3.2.11-13	传动部位未设置防护罩	《施工现场机械设备检查技术规程》(JGJ 160—2016)	自2017年3月1日起施行	11.1.2
2.3.2.11-14	搅拌机的上料斗未设置安全挂钩或止挡装置	《施工现场机械设备检查技术规程》(JGJ 160—2016)	自2017年3月1日起施行	13.1.4
2.3.2.11-15	气瓶间距小于5m或与明火距离小于10m未采取隔离措施	《施工现场机械设备检查技术规程》(JGJ 160—2016)	自2017年3月1日起施行	10.10.4
2.3.2.11-16	乙炔瓶未安装回火防止器	《施工现场机械设备检查技术规程》(JGJ 160—2016)	自2017年3月1日起施行	10.10.4
2.3.2.11-17	气瓶未设置防振圈和防护帽	《施工现场机械设备检查技术规程》(JGJ 160—2016)	自2017年3月1日起施行	10.10.5
2.3.2.11-18	气瓶存放不符合要求	《施工现场机械设备检查技术规程》(JGJ 160—2016)	自2017年3月1日起施行	10.10.1
2.3.2.11-19	气瓶未安装减压器	《施工现场机械设备检查技术规程》(JGJ 160—2016)	自2017年3月1日起施行	10.10.4
2.3.2.11-20	潜水泵的负荷线未使用专用防水橡皮电缆	《施工现场临时用电安全技术规范》(JGJ 46—2005)	自2005年7月1日起施行	9.7.2
2.3.2.12	起重吊装			
2.3.2.12-1	起重吊装作业区域未按要求设置警戒区	《公路工程施工安全技术规范》(JTG F90—2015)	自2015年5月1日起施行	5.6.4
2.3.2.12-2	流动式起重设备的作业场地不平整;吊装前支腿未全部打开并下垫钢板、垫木等	《公路工程施工安全技术规范》(JTG F90—2015)	自2015年5月1日起施行	5.6.10
2.3.2.12-3	高空吊装预制梁等大型构件时,未在构件两端设置溜绳	《公路工程施工安全技术规范》(JTG F90—2015)	自2015年5月1日起施行	5.6.11
2.3.2.12-4	作业人员在吊起的构件下或起重臂旋转范围内作业或通行	《公路工程施工安全技术规范》(JTG F90—2015)	自2015年5月1日起施行	5.6.20
2.3.2.12-5	起重吊装作业的临时固定工具未在永久固定的连接稳固后拆除	《公路工程施工安全技术规范》(JTG F90—2015)	自2015年5月1日起施行	5.6.21

续上表

条目代码	条目内容	依据	执行时间	所在章节
2.3.2.12-6	起重机械司机、信号司索工及起重机械安装拆卸工未取得相应从业资格而上岗	《公路工程施工安全技术规范》(JTG F90—2015)	自2015年5月1日起施行	5.6.2
2.3.2.12-7	起重吊装的吊点位置不符合设计规定	《公路工程施工安全技术规范》(JTG F90—2015)	自2015年5月1日起施行	5.6.7
2.3.2.12-8	起重机吊人	《公路工程施工安全技术规范》(JTG F90—2015)	自2015年5月1日起施行	5.6.17
2.3.2.12-9	吊起的构件上堆放或悬挂零星物件	《公路工程施工安全技术规范》(JTG F90—2015)	自2015年5月1日起施行	5.6.19
2.3.2.12-10	未安装荷载限制装置或不灵敏	《起重机械安全规程 第一部分:总则》(GB 6067—2010)	自2011年6月1日起施行	9.3.1
2.3.2.12-11	未安装行程限位装置或不灵敏	《起重机械安全规程 第一部分:总则》(GB 6067—2010)	自2011年6月1日起施行	9.2.2
2.3.2.12-12	钢丝绳磨损、断丝、变形、锈蚀达到报废标准	《起重机械安全规程 第一部分:总则》(GB 6067—2010)	自2011年6月1日起施行	4.2.1.6
2.3.2.12-13	钢丝绳规格不符合起重机说明书	《起重机械安全规程 第一部分:总则》(GB 6067—2010)	自2011年6月1日起施行	4.2.1.1
2.3.2.12-14	吊钩、卷筒、滑轮未安装钢丝绳防脱装置	《起重机械安全规程 第一部分:总则》(GB 6067—2010)	自2011年6月1日起施行	4.2.5.1
2.3.2.12-15	起重机行走作业处地面承载能力不符合说明书要求或未采用有效加固措施	《起重机械安全规程 第一部分:总则》(GB 6067—2010)	自2011年6月1日起施行	15.3
2.3.2.12-16	索具采用绳夹连接时,绳夹的规格、数量及绳夹间距不符合规范要求	《起重机械安全规程 第一部分:总则》(GB 6067—2010)	自2011年6月1日起施行	17.2.1
2.3.2.12-17	起重机与架空线路安全距离不符合规范要求	《公路工程施工安全技术规范》(JTG F90—2015)	自2015年5月1日起施行	5.6.14
2.3.2.12-18	作业前未按规定进行安全技术交底或交底未形成文字记录	《起重机械安全规程 第一部分:总则》(GB 6067—2010)	自2011年6月1日起施行	12.3
2.3.2.13	交通安全设施			
2.3.2.13-1	在通车道路上施工或夜间作业时,交通指挥人员、上路作业人员未按要求穿着 安全反光标志服或反光背心	《公路工程施工安全技术规范》(JTG F90—2015)	自2015年5月1日起施行	10.1.2
2.3.2.13-2	安装桥梁金属护栏时,作业人员和未完全固定的构件未采取防坠落措施	《公路工程施工安全技术规范》(JTG F90—2015)	自2015年5月1日起施行	10.2.7

续上表

条目代码	条 目 内 容	依　据	执 行 时 间	所在章节
2.3.2.13-3	安装门架标志时,作业人员站在门架横梁上作业	《公路工程施工安全技术规范》(JTG F90—2015)	自2015年5月1日起施行	10.3.2
2.3.2.13-4	热熔作业时,作业人员未按要求穿戴防护服、佩戴护目眼镜、防护手套和防有机气体口罩	《公路工程施工安全技术规范》(JTG F90—2015)	自2015年5月1日起施行	10.4.2
2.3.2.13-5	混凝土立柱和基础预制块存放高度超过1.5m	《公路工程施工安全技术规范》(JTG F90—2015)	自2015年5月1日起施行	10.5.1
2.3.2.14	特殊季节施工			
2.3.2.14-1	现场的脚手架、跳板、桥梁、墩台等作业面未采取防滑措施	《公路工程施工安全技术规范》(JTG F90—2015)	自2015年5月1日起施行	12.3.2
2.3.2.14-2	大风、大雨后,未及时检查支架、脚手架、起重设备等而直接进入现场作业	《公路工程施工安全技术规范》(JTG F90—2015)	自2015年5月1日起施行	12.3.3
2.3.2.14-3	夜间施工时,作业场所未按要求设置照明设备	《公路工程施工安全技术规范》(JTG F90—2015)	自2015年5月1日起施行	12.4.1
2.3.2.14-4	夜间施工时,作业现场的预留孔洞、上下通道口及沟槽等危险部位未按要求设置警示标志、警示灯	《公路工程施工安全技术规范》(JTG F90—2015)	自2015年5月1日起施行	12.4.2
2.3.2.14-5	高温条件下施工时,施工作业未按要求采取防暑降温措施	《公路工程施工安全技术规范》(JTG F90—2015)	自2015年5月1日起施行	12.5.2
2.3.2.14-6	施工现场的易燃易爆物品未采取防晒措施	《公路工程施工安全技术规范》(JTG F90—2015)	自2015年5月1日起施行	12.5.3
2.3.2.14-7	在建工程、施工机械设备、临设、生活和办公用房未采取防风加固措施	《公路工程施工安全技术规范》(JTG F90—2015)	自2015年5月1日起施行	12.6.1
2.3.2.15	其他			
2.3.2.15-1	有限空间涂装作业时,未按要求配备检测设备,并定时进行气体检测	《公路工程施工安全技术规范》(JTG F90—2015)	自2015年5月1日起施行	5.12.3
2.3.2.15-2	有限空间涂装作业时,作业场所未配备通风设备并持续通风	《公路工程施工安全技术规范》(JTG F90—2015)	自2015年5月1日起施行	5.12.3
2.3.2.15-3	从事涂装作业的人员未正确佩戴和使用安全防护用品	《公路工程施工安全技术规范》(JTG F90—2015)	自2015年5月1日起施行	5.12.2

续上表

条目代码	条目内容	依据	执行时间	所在章节
2.3.2.15-4	爆破作业时,未按要求设置警戒区、警戒人员的;起爆前未撤出人员并按规定发出声、光等警示信号	《公路工程施工安全技术规范》(JTG F90—2015)	自2015年5月1日起施行	5.10.6
2.3.2.15-5	使用交流电焊机时,未加装二次侧空载降压保护器	《公路工程施工安全技术规范》(JTG F90—2015)	自2015年5月1日起施行	5.5.9
2.3.2.15-6	高处电焊、气割作业,作业区周围和下方无防火措施,也未配备消防器材	《公路工程施工安全技术规范》(JTG F90—2015)	自2015年5月1日起施行	5.5.14
2.3.2.15-7	电、气焊作业点和气瓶存放点未按规定配备灭火器材	《公路工程施工安全技术规范》(JTG F90—2015)	自2015年5月1日起施行	5.5.4
2.3.2.15-8	气割作业氧气瓶与乙炔瓶之间的距离小于5m	《公路工程施工安全技术规范》(JTG F90—2015)	自2015年5月1日起施行	5.5.4
2.3.2.15-9	使用的气瓶未稳固竖立或装在专用车(架)或固定装置上	《公路工程施工安全技术规范》(JTG F90—2015)	自2015年5月1日起施行	5.5.4
2.3.2.15-10	施工便道在急弯、陡坡、连续转弯等危险路段未硬化处理,未设置警示标志及安全防护设施	《公路工程施工安全技术规范》(JTG F90—2015)	自2015年5月1日起施行	4.2.1